憲法と要件事実

法科大学院要件事実教育研究所報第18号

伊藤滋夫 [編]

日本評論社

はしがき

　法科大学院要件事実教育研究所は、2019年11月30日に創価大学において、「憲法と要件事実・講演会」を開催しました。本書は、同講演会のための講演レジュメ、コメントなどとともに講演会当日における講演・コメント・質疑応答などのすべてを収録したものであります。

　法科大学院要件事実教育研究所は、本講演会を開催するに当たって各方面にお出しした案内状において、本講演会開催の趣旨を次のように述べています。

　「要件事実論における重要な課題として、裁判における主張立証責任対象事実の決定基準をどう考えるべきかの問題があります。この主張立証責任対象事実の決定のための最終的基準は立証の公平（立証責任の負担の公平と同じ意味です）に適うことであると考えられます。

　しかし、この「立証の公平」というものの具体的内容については、すべての法的価値判断がそうであるとはいえ、多様な意見がありうるところであります。

　特に、今回のテーマである憲法の分野においては、そこで問題となる事柄の多くが、要件事実論の視点からいうと、評価（例えば、自由、平等など）であって、その内容に関して意見が分かれ得るところかと思われます。こうした評価の内容が要件となる、いわゆる評価的要件については、その内容をなす評価根拠事実・評価障害事実（これが評価的要件における要件事実となります）を具体的にどのように考え、憲法上の論点が問題となる訴訟（それは、合憲・違憲が問題となる訴訟に限らず、さまざまな意味で争点が憲法に関係する多様な行政訴訟・民事訴訟を広く包含するものであります）において、どちらの当事者がどのような事実について主張立証責任を負い、その総合的判断をどのようにするかということが問題となって、その適正な判断については非常な困難を伴うように思われます。そして、この問題に密接に関係する問題として、憲法における立法事実論や憲法訴訟における事案の解明義務を含む事実認定論の持つ意味なども

またきわめて重要であります。

　そこで、本年度は、「憲法と要件事実」というテーマで講演会を開催することといたしました。」

　以上のような趣旨のもとに、憲法、行政法、不法行為法などの分野において優れた業績を挙げておられる研究者・実務家の各位を講師・コメンテーターとしてお迎えし、上記のように、「憲法と要件事実」というテーマで講演会を開催した次第であります。

　もとより、私ども法科大学院要件事実教育研究所の関係者も、憲法などと要件事実論の関係については、上記のような問題のみでなく、他にも多くの問題があることと理解いたしており、上記説明は例示でしかなかったわけでありますが、実際に講演会を開催してみますと、そこでの関係各位のご発言内容は、上記にとどまらず、さまざまな立場から、まことに多様で充実したものがありました。特に、憲法と要件事実の関係については、これまでほとんど検討されたことがなかっただけに、新たな視点からの注目すべき問題点の指摘とその解決を目指しての貴重な提案がさまざまにされ、それらを巡って活発な議論が展開されたことは、まことに有意義なことであったと存じます。

　本講演会の特徴は、講師・コメンテーター各位と聴講者各位が同一のフロアーにおいて、自由に質疑応答ができるところにもありましたが、聴講者各位も、関係分野における練達の研究者・実務家ばかりでありましたため、上記議論に積極的に参加され、そのため、本講演会がいっそう充実したものとなったと考えます。

　本講演会を通じて、いわゆる憲法訴訟の分野に止まらず、さまざまな分野における（公法関係に限らず通常の私法関係を対象とする民事訴訟等における）要件事実論（関連して事実認定論）についても多くの示唆や強い刺激が与えられました。今後の要件事実論（関連して事実認定論）の充実と発展に、本講演会が大きな役割を果たすことができたと存じます。

　本講演会が、このような形で結実することができたのは、ひとえに、多大のご尽力を賜った講師・コメンテーター・聴講者の皆様のお陰であり、この機会をお借りして、心から厚く御礼を申し上げます。

　要件事実論や事実認定論に関心を持ち、それを研究し又は実践しておられる皆様にとって、本書が非常に有益な一書として、さらには、広く読者各位にその意義が理解されて、活用されることを心から願っています。

　なお、巻末に山﨑敏彦教授及び永井洋士氏（長崎県立大学地域創造学部講師）によって作成された「要件事実論・事実認定論関連文献　2019年版」も収録されています。重要な資料としてご参照いただければ幸いであります。

　本書が、このような形で世に出るにいたるまでには、講師・コメンテーター・聴講者・執筆者の各先生のほかにも、一々お名前を挙げることはできないほど、実にさまざまな方々にご支援を頂きました。また、従来と同じく引き続き、日本評論社の中野芳明氏及び毛利千香志氏の一方ならぬお世話になりました。ここに記して、そうした皆様方に深い謝意を表する次第であります。

　　　　　　　　2020年3月
　　　　　　　　　法科大学院要件事実教育研究所顧問　　**伊藤滋夫**

憲法と要件事実——目次

vi

憲法と要件事実・講演会

議事録

講演会次第

[日　時]　2019年11月30日（土）　午後 1 時～午後 6 時

[場　所]　創価大学本部棟10階第 4 会議室

[主　催]　法科大学院要件事実教育研究所

[次　第]

  1　開会の挨拶

      加賀讓治（創価大学法科大学院研究科長）

  2　本日の進行予定説明

      伊藤滋夫（法科大学院要件事実教育研究所顧問）

  3　講演 1

      巽　智彦（成蹊大学法学部法律学科准教授）

      「憲法関係の訴訟における事案の解明」

  4　講演 2

      御幸聖樹（横浜国立大学大学院国際社会科学研究院准教授）

      「憲法訴訟と要件事実論の接続可能性」

  5　講演 3

      佃　克彦（弁護士（東京弁護士会））

      「名誉毀損・プライバシー侵害の要件事実」

  6　コメント 1

      渡辺康行（一橋大学大学院法学研究科教授）

  7　コメント 2

      嘉多山宗（創価大学法科大学院教授・弁護士（東京弁護士会））

  8　質疑応答

  9　閉会の挨拶

      島田新一郎（法科大学院要件事実教育研究所長）

（総合司会：伊藤滋夫）

参加者名簿

〈講師〉

巽　智彦　　　成蹊大学法学部法律学科准教授

佃　克彦　　　弁護士（東京弁護士会）

御幸　聖樹　　横浜国立大学大学院国際社会科学研究院准教授

〈コメンテーター〉

嘉多山　宗　　創価大学法科大学院教授・弁護士（東京弁護士会）

渡辺　康行　　一橋大学大学院法学研究科教授

〈司会進行〉

伊藤　滋夫　　法科大学院要件事実教育研究所顧問

〈聴講者〉

伊藤　建　　　弁護士（富山県弁護士会）

土井　翼　　　一橋大学大学院法学研究科講師

　＊聴講者については、質疑をされた方のみ、その了解を得て氏名を掲載する。

憲法と要件事実・講演会　議事録

　伊藤滋夫　講演会を始めたいと思います。最初に、本学法科大学院の加賀研究科長から挨拶があります。

　［開会の挨拶］

　加賀譲治　創価大学の法務研究科長を務めております加賀譲治と申します。本日は、初冬の八王子の本学におきまして、創価大学法科大学院・要件事実教育研究所主催の「憲法と要件事実・講演会」を開催する運びとなりました。本学法科大学院を代表いたしまして、お集まりいただいた諸先生方、法律実務家の方々に心より感謝申し上げます。ありがとうございます。

　本日の講演会には、講師として、成蹊大学の巽智彦先生、横浜国立大学の御幸聖樹先生、弁護士の佃克彦先生を、またコメンテーターとして、一橋大学の渡辺康行教授をお招きすることができました。併せて、コメンテーターにはもう一人、本学法科大学院の嘉多山宗教授が務めさせていただきます。諸先生方には、快くお引き受けいただき、衷心より御礼申し上げます。

　さて、創価大学法科大学院は、開設以来16年、おかげをもちまして、小規模ながらも、法曹養成機関たる法科大学院としての地歩を築くことができました。同時に、創価大学の法科大学院は、開設以来、法科大学院要件事実教育研究所とその歩みを共にしてまいりました。その営みは、ひとえに本研究所顧問の伊藤滋夫先生および所員の教職員の努力に負うところ大でありますが、これまで毎年シンポジウムないしは講演会を開き、そのすべての内容を日本評論社から出版してまいりました。その結果、創価大学法科大学院といえば、「要件事実研究の法科大学院」と評価されるほどとなりました。

　今後も、これまでの研究の上に、さらに発展的な要件事実研究の労作が積み重なっていくことを念願する次第でございます。本日の講演会が活発な討論の場となりますことを祈り、創価大学を代表し、法務研究科長としてのご挨拶と

させていただきます。本日は、遠路本学に足をお運びいただき、心より御礼申し上げます。誠にありがとうございました。

　伊藤滋　加賀先生、ありがとうございました。それでは、小職が進行係を務めさせていただきます。

　まず、最初に配付資料目録についてご覧いただきたいと思います。

　〔席上で若干の配付資料の説明があったが、ここでは省略する。〕

　それでは、この進行予定表に従いまして巽先生からまずご講演をお願いしたいと思います。どうぞよろしくお願いいたします。

　　＊講演レジュメは参加者にそれぞれ配付され、それらを参照しながら講演が行われている。本書101頁以下を参照されたい。

［講演 1］
憲法関係の訴訟における事案の解明

　巽智彦　よろしくお願いいたします。成蹊大学法学部の巽智彦と申します。まず、自己紹介をさせていただきます。私は、2011年に東京大学の法科大学院を修了しまして、そのあと、実務修習は経ずに東京大学で行政法の助教を3年間務めまして、2014年から成蹊大学法学部で行政法の担当として奉職しております。そういった出自もございますので、訴訟の手続ですとか、審理の内容ですとか、あとは、判決の効力をテーマにした単著もございますけれども、いずれにせよかなり裁判実務ないし訴訟法に近いところを研究してまいりました。そうした関係で、本日は、憲法関係の訴訟における事案の解明について、憲法学者ではないのですけれども、訴訟全般に関心を持つ者からこの問題がどう見えるかということをお話しさせていただきたいと思っております。

　もう一つだけ申し上げますと、この研究所で2008年に「環境法の要件事実」という研究会が開催されまして、行政法に関係するものでしたので、大変面白く書籍を拝読していたのですけれども、そこに登壇した交告尚史先生というのが私の助教時代の指導教員でして、師匠が10年前に登壇して、弟子が10年後に登壇して、それも何かご縁があるなと思って、大変嬉しく思っております。

　それはさておき、本日私がお話ししますは、タイトルの通り「憲法関係の

訴訟における事案の解明」ということです。本報告に期待されておりますのは、ドイツの憲法裁判における議論を踏まえ、要件事実論と密接に関係のある、憲法関係の訴訟における事実認定上の工夫や事案の解明のための具体的な知恵を紹介することで、これが、本講演会の企画側からの依頼事項でございます。とはいいましても、憲法関係の訴訟というのは、一般的な民事とか刑事とかの訴訟とはそもそも違うような部分もございますので、憲法関係の訴訟の特殊性に鑑みまして、まずは、憲法関係の訴訟における要件事実論、「事案の解明」それぞれの特徴というのを概観いたします。これがレジュメ「1」でございます（本書103頁）。その後、双方に通底する問題として、法問題と事実問題の区別およびその相対化という話を「2」というところでさせていただきます（本書105頁）。最後に、ようやく本報告の主題なのですけれども、ドイツの連邦憲法裁判所法における事案の解明に係る諸制度を紹介させていただく、これが「3」ということです（本書108頁）。この順番でお話をさせていただきたいと思っております。

　今回ドイツを取り上げますのは、ドイツの憲法裁判それ自体が、すでに実定法で訴訟法上の規律がなされて久しく、考察対象として重要だというのもあります。それから私個人も、実は8月末まで2年間のドイツ留学に行っておりまして、ハイデルベルク大学という所に滞在していたわけなんですけれども、ドイツでは行政法をやる上では必ず憲法の話もセットでやるということもありまして、行政訴訟の延長で憲法訴訟の規律もある程度見聞きしてまいりました。そういう意味で、私からドイツの憲法訴訟の話をさせていただくというのも、企画の趣旨に適ったことだと思っております。

　なお、本日お話しすることの内容は、レジュメの1頁の真ん中のあたり（本書102頁）に掲げました、私がここ5、6年くらいで執筆しましたいくつかの論文の中身を再構成ないし敷衍したものでございます。若干の宣伝になりますけれども、成蹊法学というのが私の所属する成蹊大学法学部および法科大学院の紀要ですけれども、インターネット上で全部ダウンロードできますので、もしご関心をお持ちいただけた方はこちらをお読みいただいて、私が何が言いたかったのかというのを確認していただくこともできるかと思います。また、つい最近、弘文堂から『憲法訴訟の十字路』という本が出まして、私も今回のこ

とに関係するお話を書かせていただいておりますので、こちらも参考までにということで掲げさせていただいております。

1　憲法関係の訴訟と要件事実論、事案の解明

　それでは、中身に入っていきたいのですけれども、まず、先ほど申しました通り、「1」としまして（本書103頁）、憲法関係の訴訟と要件事実論、また、憲法関係の訴訟と事案の解明ということで、それぞれの特色というのをお話ししたいと思います。

(1)　憲法関係の訴訟と要件事実論

　まず、(1)としまして、憲法関係の訴訟と要件事実論ということなんですけれども、まず、非常に一般的に申しますと、憲法ないしは憲法典は、民事上、刑事上の法関係に憲法がどのように影響するのか、また公的な主体の活動の違憲性／合憲性というのはどのように判断するのかという、憲法関係の訴訟における要件事実に関しては、明確に定めていないことがほとんどであります。

　少し具体例を出します。本日、他の2人の先生方からも素材として挙げられることになると思いますが、例えば、佃先生がお話しになるご予定のプライバシー・名誉と表現の自由の対立という問題で申しますと、一つ目の例として挙げたところですけれども、憲法典上の手がかりというのは、まず、そのプライバシー・名誉の側に関しては、「生命、自由及び幸福追求に対する国民の権利については、公共の福祉に反しない限り、立法その他の国政の上で、最大の尊重を必要とする」（憲13条後段）と。この「幸福追求に対する国民の権利」というところが、俗に幸福追求権と呼ばれまして、プライバシーがその典型ですけれども、いわゆる新しい人権、憲法上の人権規定のカタログに上がっていないものを取り込むための概念上の装置として用いられてきたという経緯がございます。名誉に関しましては、すでに民法典・刑法典にそれを保護法益とするいくらかの規律があるわけですが、その憲法上の基礎は、やはり幸福追求権に求められるだろうと。何が言いたいかといいますと、これらの法益の憲法上の基礎付けに関しては、「幸福追求に対する国民の権利については、立法その他の国政の上で最大の尊重を必要とする」としか書かれておりませんで、どういう

ことをしたら、この権利が害されることになるのかとか、この権利が害されるとどういうことが効果として起こるのかということは、憲法典自体は語っていないということになります。これは、対抗する側の表現の自由に関しても基本的には同様でして、v．（バーサス）として書きましたが、「集会、結社及び言論、出版その他一切の表現の自由は、これを保障する」（憲21条）とありますけれども（本書103頁）、こちらの側でも、表現の自由は保障されるとは言っておりますが、何をしたら表現の自由が侵害されることになるのか、すなわち要件の部分ですとか、表現の自由が侵害されたとしてどういう結果が生ずるのか、すなわち効果の部分に関しては、やはり憲法典は沈黙しているということがまず言えます。

　同じようなことは、もう一つ素材として取り扱われる予定の、在外邦人選挙権事件で、原告側の主張を基礎付けるために援用された憲法の規定についても言えまして、「公務員を選定し、及びこれを罷免することは、国民固有の権利である」（憲15条1項）、および「公務員の選挙については、成年者による普通選挙を保障する」（同3項）、これらの規定からは、権利ないしはそういう選挙が保障されるということまでは分かるんですけれども、やはり、どういう立法がこの規定に反することになるのか、何を立法府がやってしまうとこれらの権利ないしは普通選挙というのが保障されないという評価になるのか、すなわち要件部分は、やはり憲法典自身はこれ以上は語っておりませんし、そうなったときに一体どうなってしまうのかという効果の部分も、やはり書かれていないということになります。

　したがいまして、憲法典は、民事とか刑事の基本的な法典とは違いまして、そもそも、要件事実に関しての明確な定めというのは置いていないというのが、議論の出発点に私が置いておきたいことでございます。

　そうすると、憲法関係の訴訟はどうなるかと申しますと、当該事件における訴訟物の存否を判断するための要件事実を設定するという作業に、通常の訴訟よりも大きな比重が置かれざるを得ないということになります。一つ例を申しますと、名誉とかプライバシーと表現の自由が対抗しているときに、裁判所がどのような形で問題に決着をつけるかということに関しまして、例えば教科書等を拾い読みしましてもですね、現実の悪意の法理、配信サービスの抗弁、公

正な論評の法理等々、様々な法理ですとか抗弁が紹介されておるわけなんですが、これらは言い方を変えますと、このような憲法上の自由ないし権利が対抗している場合に、どのような要件事実を立てるのかという問題であるわけです。これらの法理ないし抗弁が実際に裁判所に採用されているのかとか、その当否がどうかという点は、ひたすら議論はあるわけなんですが、大前提としましては、これらの法理ないし抗弁というのは憲法関係の訴訟における要件事実を設定するというところに意味が見出されるということを指摘しておきたいと思います。

　それで、もう一つ、少し戻りまして、レジュメの括弧の中（本書103頁）なのですが、場合によってはその要件事実を設定する作業のさらに前段階としまして、原告の請求の趣旨を解釈し、適切な訴訟物を設定するという作業にも、おそらくこの点は民事とか刑事の世界では普段はそこまで問題にならないのだと思いますけれども、憲法関係の訴訟では、重要になることが多くございます。こちらの典型例と目されますのが、二つ目の例なのですけれども、在外邦人選挙権事件でして、あの事件では、原告側は、公職選挙法上の規定の違憲性を主張するために、様々な訴訟物を設定して訴えを提起していたわけなのですけれども、大雑把にまとめますと、公選法の規定の違憲性の確認を求めるという請求と、次回の選挙において選挙権を行使することのできる地位の確認を求めるという請求とがありました。ご承知の通り、最高裁は後者の方を適法としたわけなのですが、この部分というのは、要件事実の設定のさらに前段階としまして、訴訟物をどう設定するのかという点の問題だったと見ることができるわけでして、憲法関係の訴訟では、そもそも訴訟物をどうするのかという点もやはり大きな問題だということが言えようかと思います。

　しかしながら、そうした要件事実の設定ですとか、訴訟物設定といった作業に関して、先例の積み重ねがあればいいのですけれども、憲法関係の訴訟というのは、ご承知の通り、先例の積み重ねが乏しいというところでございます。さらに、学説の側を見ましても、いろんな点で全く一致を見ていない状況にございます。例えば、要件事実の体系化をそもそも目指すべきなのかどうかというレベルで、私が見る限りでは憲法学は対立があるように見受けられますし、目指すとしてどのように体系化するかというレベルでも、対立がございます。

私なりの理解を少し申し上げますと、レジュメのその下に総合考慮論、違憲審査基準論、三段階審査論を挙げましたけれども（本書103頁）、例えば、とりわけ、日本の最高裁判決が総合考慮という形で問題を解決しがちであって、それに対して、違憲審査基準ですとか三段階審査ですとか、裁判所の判断に何らかの枠をはめるべきではないのかという形で問題が提起されますときには、そもそも憲法関係の訴訟において、要件事実というのを設定することが正しいのかというレベルで議論が対立しているように見受けられます。そのように見ますと、実は違憲審査基準論と三段階審査論というのは、裁判所の審理に枠をはめたいという意味では同じ立場でして、私からすると、要件事実的な立場を受け入れる素地がある理解なのかというふうに思うわけです。しかしながら、こちらもご承知かと思うのですが、要件事実的なものを目指すとしましても、違憲審査基準論と三段階審査論との間では、主としてアメリカ的な見方とドイツ的な見方ということなのかもしれませんが、学説上は大きな議論があるわけです。要するに、要件事実の体系化を目指すかどうか、目指すとしてどう体系化するのか、これらの点に意見の一致を見ていないということは、特に私のような外野の人間からすると、実際の訴訟の審理を規律する原理を確定できないという点で、大変気になるところでございます。

　そのため、必ずしも裁判所が要件事実の設定について明確な拠り所を見出すことができない状況にある、これが憲法関係の訴訟の審理に関しては私の見るところ一番大きな問題です。もう少し具体的に言いますと、要件事実が不確定なまま審理が進められていってしまうことですとか、裁判所が想定している要件事実と、当事者の想定しているそれとの齟齬が生じる場合というのが多くなるというのが具体的な問題かと思います。ただ、ここまで具体的に問題を敷衍していきますと、同じことが実はこの研究所の今までの研究会でも繰り返し説かれてきたところでして、私がさっき言及しました環境訴訟ですとか、あとは最近行われました医療訴訟ですとか、あと家事事件とかはですね、同じように、要件事実が不確定なまま審理をしているのではないかとか、それに起因して当事者の手続保障の問題がないがしろにされてはいないかということが繰り返し問題になっていたわけです。私としましては、憲法関係の訴訟の審理というのを要件事実的に整理するというのは、それが正しいかどうかというのは先ほど

申し上げた通り争いがあるのですけれども、とにかくそうやってまず一回物事を見てみるということによって、例えば環境、医療、家事事件のような議論との接続可能性が生まれるという点には、少なくとも意味が見出せると思います。そのような立場から今日は今後の話を進めさせていただきたいと思っております。

(2)　憲法関係の訴訟と事案の解明

　続きまして、レジュメの「(2)」（本書104頁）としまして、事案の解明という概念と憲法関係の訴訟の関係を少し敷衍いたします。いわゆる法的三段論法に仮託して憲法関係の訴訟を整理してみますと、訴訟手続というのは、裁判所が特定の訴訟物の存否を判断するために、①大前提たる法を確定し、②小前提たる事実を認定し、③認定した事実を法に当てはめる、ないしは法を事実へ適用するという過程を、ほとんどの場合は輻輳的に辿るということになります。ほとんどの場合、この①から③までというのは、１回で終わるという性質ではなくて何回も何回も辿るということになります。

　「事案の解明」という言葉が、通例どう使われているかといいますと、私がいろいろな本を読みました限りでは、口頭弁論における裁判資料、正確にいいますと訴訟資料および証拠資料の収集の規律、ないしは訴訟の審理における当事者および参加人の主張および証明の規律を指すものとして用いられることが多い概念であります。この意味での「事案の解明」というものを語る場合は、上記の①②③の過程のうち、基本的には②の事実認定の段階を想定しているもののように見えるわけです。しかしながら、一般的に申しまして、②事実認定というのは、一方で裁判所が収集する／当事者が主張立証する裁判資料を、適用する①法に当てはめるというところを念頭に置いて展開されるはずですし、他方で③当てはめの作業というのは、逆にですね、①法の部分を確定ないしは具体化するという作業に影響するということになりますから、②の事実認定の作業というのは、そもそも①と③と必然的に連関しているということになります。換言しますと、「事案の解明」というのは、主として②の事実認定に関するものとして議論されてはいるのですけれども、より広く見れば、①から③までの過程すべてを捉えるものとして位置づけることができるわけでして、先ほ

ど申しました通り、要件事実の設定、これは私の見立てだと①の法問題のところですが、ここに重きが置かれる憲法関係の訴訟においては、②に限らず、①とか③も踏まえた事案の解明という概念を立てることが有用だろうということが言えようかと思います。伊藤滋夫先生の『要件事実の基礎〔新版〕』（有斐閣、2015年）58頁にも、そのような趣旨が書かれているのだと理解しておりますけれども、とにかく要件事実論、事実認定論というのは、連関しているということは、憲法関係の訴訟においてはとりわけ重要な視点になろうかと思います。

2　法問題と事実問題

　以上を前置きとしまして、レジュメ「2」（本書105頁）に入らせていただきますが、こちらでは、法問題と事実問題という民事実務、刑事実務が前提にしている概念装置が、憲法関係の訴訟の目を通して見るとどう見えるのかということをお話ししたいと思います。

　通例、①の大前提たる法の確定に関わる問題群のことを「法律問題」と呼んでおり、②の事実認定、小前提に関わる部分は「事実問題」というふうに呼んでおります。①に関して、日本では、「法律問題」という用語が一般的であるように見受けられますけれども、問題となるのは、憲法も入るわけですから、法律に限られない客観法および法命題一般ですし、行政法学ですと法規命令とかも扱うわけですので、私は「法律問題」というよりは「法問題」という言葉が正しいだろうと思っておりまして、ここでは「法問題」という言葉を使わせていただいております。

　それはさておき、「法問題」と「事実問題」というものが区別されております。より詳しく申しますと、①法問題というのは、訴訟物の存否の判断のために必要な法命題を確定する作業、およびそれに包摂されるべき事実命題を確定する作業を意味しまして、端的にいいますと、この作業というのは要件事実を設定する作業だと言い換えることが可能かと思います。これに対して②事実問題というのは、訴訟物の存否の判断のために必要な法命題および事実命題、これは①で確定されるわけですけれども、その事実命題の当否、そういった事実が本当に存在するのかどうかというところを扱う問題でして、当該事実の存否の確定というふうに言い換えられるわけでございます。

　具体的な例で敷衍いたしますと、在外邦人選挙権事件の一部を取り出してまいりましたが、ここで問題になっていたのは、先ほどの公選法の違憲性が認められるかどうかの問題プラス、国家賠償請求が認容されるかどうかという問題なのですけれども、国家賠償請求に関しては、当然ながら国家賠償法という法律がありまして、1条1項には、レジュメに書きました通り（本書105頁）、「故意又は過失によつて違法に他人に損害を加えたとき」に損害賠償責任が生じるということが書いてあります。まず、この条文に書かれていることを要件事実というものに敷衍する作業が必要で、それが私のいう法問題なのですが、最高裁はその部分を、その下の①で挙げたところでやっておりまして、下線を引いたところだけ読みますと、「国民に憲法上保障されている権利行使の機会を確保するために所要の立法措置を取ることが必要不可欠であ」る、そのほかにもいろいろ要件を立てていますが、ひとまずこれは、一つの要件として立てているように見えます。それで、その立てられた要件が本当に事実の認定の結果、充たされると言えるのかというのが事実問題なのですが、②の部分では、「国政選挙において投票をする機会を与えられることを憲法上保障されていた」、「この権利行使の機会を確保するためには在外選挙制度を設けるなどの立法措置を取ることが必要不可欠であった」と言っております。これは実際、①で立てた必要不可欠だということが実際にそうだったということでありまして、このような形で法問題、事実問題というのが実際に具体化されていくということになろうと思います。これは、おそらく理論的にはすべての訴訟の審理についてそうなるのだと思います。

　我が国の訴訟法理論に関しましては、この①法問題と②事実問題というのをまずカテゴリカルに区別しまして、それぞれについて異なる訴訟法上の規律を用意しているというところに特徴がございます。まず、①法問題に関しては、「裁判所は法を知る（iura novit curia）」という法原則が前面に打ち出されまして、裁判所は口頭弁論における主張や証明のプロセスを経ずに法問題を判断するということが原則とされております。これに対して②事実問題に関しては、当事者が口頭弁論の場に顕出し、または裁判所が職権で探知した各種の事実の存否を、証拠調べの結果および口頭弁論の全趣旨に照らして、裁判所が自由心証に基づいて判断するという規律が妥当しているということになります。このよう

に、法問題と事実問題の区別というのは、その妥当する訴訟法上の規律のカテゴリカルに区別するという機能を有しているわけでございます。

　しかしながら、ここから先が本日私が特に申し上げたいことなのですが、このような法問題と事実問題のカテゴリカルな区別というのは、実際には、とりわけ憲法訴訟の場面では貫徹されていないのではないかということに気づかされるわけでございます。

　二つばかり例を挙げますと、一つは、法問題に属するものと考えられているものについて、事実問題の規律のパッケージが一部が当てはまっているのではないかと見られる例が(1)としてございます。逆に、事実問題に属するものと考えられたものに法問題のパッケージが当てはまるかどうかが議論されているように見える部分が、(2)としてございます。このような形で相互に法問題、事実問題というのが融解しているのではないかということを少し申し上げたいと思います。

(1) 法問題の融解：違憲性の主張立証責任

　まず、(1)（本書106頁）として、法問題が事実問題に融解しているのではないかという点に関しましては、憲法学で伝統的な論点とされてきました違憲性の主張立証責任という論点がございます。

法問題の主張責任？

　まず、主張責任に関して見ますと、そこに紹介しました最大判昭和28年11月11日民集７巻11号1193頁というのは、以下のような面白い判示をしております。「……上告理由は、単に抽象的に違憲又は違法を主張するに止まり、風俗営業取締法等の如何なる条項が、如何なる理由により、憲法の如何なる条項に違反するかにつき……何ら具体的に示していないのであつて、かくのごときは違憲違法の主張としては適法のものとは認められない」と言っております。こちらは、この部分だけを字面通り捉えますと、違憲違法の主張の適法性を言っているわけでして、具体的な違憲性の主張をしないと当該主張は適法でない、当該主張はその訴訟においては取り上げられないということになります。そうすると、その主張は取り上げられない結果、違憲性を主張している当事者の側には当然ながら不利な判断が下されることになるわけでして、ここでの問題の構造

自体は、法令の違憲違法という法問題に関して、主張責任を観念しているのと同様のことになるのではないかということが、抽象論としてはまず気になってくるということになります。

　ただ、この点は、嘉多山先生と個人的に少しコメントのやり取りをした部分でもあるのですけれども、この判決自体は上告理由として適法かどうかを判断したものですので、ここの部分だけ取り出して違憲性の主張立証責任という規律が妥当しているとまで言えるかは問題なのですけれども、この判示を字面通り正面から受け止めると、そのようなことが言えるだろうというのが申し上げたかったことということになります。

法問題の立証責任？

　続いて、立証責任という部分についてはどうなるかと申しますと、これは芦部先生の体系書の象徴的な叙述がありますので、そこを引用させていただいております（本書106頁）。「合憲性推定の原則とは、(a)先に説いた立法目的および立法目的達成手段の合理性を支える立法事実の存在が推定されるということ（つまり、(b)立法府の判断に合理的な立法事実の基礎が欠けている場合には合憲性が推定されないということ）を意味する。」（芦部信喜『憲法学Ⅱ』（有斐閣、1994年）235頁）というようにさらっと書かれております。

　しかしながら、この一文の中に、私は問題が凝縮されているように見ておりまして、端的に申しますと、私が(a)と付したところと(b)と付したところは、「つまり」という言葉でつながっているのですけれども、「つまり」ではつなげられない異質なものをつないでいるというように見えるわけでございます。何かと申しますと、(a)の部分というのは、単純にいいますと、立法事実の存在が推定されることということを言ってますので、事実問題を推定する、すなわち通常民事訴訟法で議論される事実の推定を言っているように見えるのですけれども、(b)の部分というのは、立法事実に基づいて論証されるべき法令の合憲性が推定されるということが言われておりまして、こちらは、事実を推定しているというよりは、立法事実の積み重ねで論証されるべき違憲性という、おそらくはこれまで法問題とされてきたものについて推定を語っていることになります。この点で、この(a)と(b)というのは、異質な訴訟法上の規律を述べているということになろうかと思います。これを「つまり」でつないでしまっていると

ころに、憲法学の議論の中に訴訟法学から見てよく分からないところが含まれているということが象徴されているような気がしまして、紹介させていただきました。

(2) 事実問題の融解：立法事実論

このように、違憲性の主張立証責任ということを捕まえて、法問題が事実問題に融解しているということがさしあたり言えそうな気がしておりますし、逆に事実問題の側に関しましても、いわゆる立法事実論というのが、特に民事訴訟法学がこれを論じるときには、事実問題が法問題に融解しているような印象がございます。

レジュメでは新堂先生の体系書を引用しております（本書106頁）。「これまでの民事訴訟法は、……判決において法適用の基礎となる事実に関して様々な理論や制度を議論してきたが、適用すべき法については、裁判官の職責として、当然にこれを知っているという建前から、議論の対象にならなかった」。これは法問題は「裁判官は法を知る」の原則に基づいて処理されるので、口頭弁論に顕出する必要はありませんから、民事訴訟法学の議論の対象になりづらかったということを言っているのでしょうけれども、その先で、立法事実をどう扱うかについてのルールについて、新堂先生は少し論点を提起されております。すなわち、弁論主義が妥当するのかどうか、釈明義務、法的観点指摘義務、証明責任のルールとの関係でどうするのかを議論していると、しなければならないということを言っているのです。理解の仕方がいろいろありうる文章ではあるのですけれども、立法事実の認定という、事実問題に入りそうなものについて、特別な考慮が必要になる、その特別の考慮というものの一部として、法問題のパッケージとの接続、例えば法的観点指摘義務との接続が示唆されているように私には読めまして、このような形で、事実問題が法問題に融解しているという論点もすでに登場しているのではないかと私は思っております。

(3) 法問題と事実問題の相対化

以上のことをもう少しまとめますと、(3)（本書107頁）なのですけれども、法問題と事実問題との区別というのが少なくとも以上のような局面では相対化し

ているということになります。

　そうしますと、憲法関係の訴訟の審理というのが、この相対化してしまっているものをどう捉えるかということになりまして、これは法問題だ、これは事実問題だという切り分けは、そもそもあまり有効ではなく、審理を指導する原理を全体として明らかにする作業というのが本来必要なのではないかというのが、私の立場でございます。

　その旨を少し述べましたのが、2016年に成蹊法学に載せました論文（巽智彦「公法関係訴訟における事実認定について──憲法訴訟を端緒として」成蹊法学85号（2016年）133頁）なのですけれども、「従来の『立法事実論』のアンビバレントな態度」、これは、この前段で紹介したんですが、立法事実というのは法問題と事実問題の中間に属する問題領域であるというようなことがよく言われるんですけれども、中間と言われてもよく分からないと。しかし、そういうアンビバレントな態度を取らざるを得ないのは、立法事実の認定というのは、「典型的な事実問題または法問題に妥当する規律のパッケージを二者択一的に妥当させるのが適切でない」ということがあるからというのが、私の見立てでございます。そうしますと、具体的に、その規律のパッケージを分解していって、例えば弁論主義の第１テーゼは妥当するのかどうかとか、証拠テーゼは妥当するのかどうかなどの論点ごとに適切な結論を選び取っていくという方針が必要なのではないかということを考えております。

　考えておるだけで、私自身定見があるわけではございませんので、ここまでしか本日申し上げられることはないのですけれども、一つそれを考えるにあたって私が大事だと思っているのは、その次のレジュメの部分（本書107頁）でございます。何かと申しますと、憲法関係の訴訟においては、法問題であっても、裁判所が十分な知見、情報を持ち合わせていないということが多いという点です。

　例えば、表現の自由という先ほど紹介した条文をどのように解釈すればいいのか、どういう事案でどのように敷衍すればいいのかということに関しましては、おそらく民法刑法のような古典的な法典と違って、裁判官の側にも定見がないと、これはもう率直にそう言わざるを得ないのではないかと私は思っております。そのため、どうしなければいけないかというと、裁判所の側は、当事

者等、「等」というのは参加人のことですけれど、当事者と参加人、場合によってはそれ以外の第三者の知見を調達する必要というのが大きいということになります。しかしながら、そのように知見を調達するといいましても、法問題の審理構造というのは、原則として当事者の主張立証の過程を予定しておりませんので、どこから知見を調達してきたのかというところが自動的には明らかにならないという問題があり、そこが当事者等の手続保障の観点から問題にされてしかるべきなのだろうと。ここが私が一番注目している部分でございます。

　敷衍しますと、①法の確定ないし要件事実の設定に大きな比重が置かれる憲法関係の訴訟においては、当事者等の手続保障の問題というのが実際には重大な問題でして、それゆえ、裁判所と当事者等の間での、表現しづらいのですけれども、さしあたり「対話的」と申し上げておきますが、そのような事案解明の理論を、法問題についても構築していく必要が大きいというのが私の見立てでございます。同様に、②事実問題の主張立証の規律を法問題を参考にして緩める、立法事実論の典型的な議論を採用する場合でありましても、その必要性や限界を検討する際には、同様の対話的な事案解明の理論が必要になるのだろうというふうに考えております。

　対話的な事案解明と申しましても、何だということになるのですが、私が現在のところ注目しておりますのは、すでに日本法の下でも議論があります、職権探知主義における当事者の関与ないしは手続権の議論が片方でございます。人事訴訟、家事手続、あと行政事件訴訟も証拠調べに関しては職権探知なのですけれども、そこに当事者を関わらせるための理論的な基準ですとか実際の方策はすでに議論があるわけです。そして、「裁判所は法を知る」の原則を、法問題について職権探知をしているんだと捉えれば、この議論が応用できるようになるだろうというのが、さしあたりの見立てでございます。他方で、より直接的に法問題についての手続保障を語っているのは、法的観点指摘義務という論点でして、このあたりの議論を紐解くことが、憲法関係の訴訟の手続保障の実質化という点では示唆が大きいであろうというように考えております。

　以上が、日本法に関して私が理解している限りでの憲法訴訟の現状でして、この時点ですでにたくさんの異論がおありだろうと思いますので、のちに討議の際にいろいろおっしゃっていただければ私としてもありがたく思います。

3　ドイツ連邦憲法裁判所法における事案の解明

　ようやく、本日私に割り当てられた本題に入りますけれども、「3」（本書108頁）では、ドイツ連邦憲法裁判所法における事案の解明について、いろいろな規律を紹介しながらお話ししたいと思っております。

　まずドイツ法の基礎知識を若干申し上げますと、ドイツは連邦国家でして、連邦法と州法というのが分かれております。これは憲法に関しても同様でして、連邦憲法・ボン基本法というものと、各州の憲法というのは分かれております。本日私が紹介します連邦憲法裁判所法というのは、連邦憲法についての法的紛争の専属管轄を持っております連邦の憲法裁判所に関する手続法ということになりまして、裏からいいますと、州憲法および州の憲法裁判所の手続に関する州法に関しては、今回は対象外とさせていただいております。本日扱う連邦憲法裁判所法というのは、しかしながら、ドイツの連邦憲法の解釈等に関する法的紛争の手続的な規律になりますので、学問上の重要性は高い法典ということになります。

　このドイツ連邦憲法裁判所法を紐解いてみますと、かなり面白いことがいろいろ出てまいります。大まかに申しますと、レジュメ5頁の最後（本書108頁6行目）ですが、ドイツ連邦憲法裁判所法というのは、主として②事実問題の主張立証を想定しているように見受けられる様々な規律を用意しておるわけなのですけれども、その性質上扱うのが憲法問題ですから、本日申し上げた通り、事実の部分に属さない部分、すなわち法問題についても、裁判所は多くの判断を下すわけです。ですから、実際上①法問題に関しても意味を持っている手続上の規律というのがたくさん見つかる。その意味でかなり面白い比較対象になるということが言えようかと思います。

(1)　申立ての際の理由付け義務

　具体的にいろいろ見ていきたいのですけれども、まずご紹介したいのが、申立てをする際に理由付けをしなければいけない、これは申立人の義務として課されているというのが規定としてございます。23条の1項というものなんですけれども、私が勝手に訳したものですが、「手続開始の申立ては、文書によって連邦憲法裁判所に提出されなければならない。申立ては理由付けられねばな

らない；必要な証拠方法が主張されねばならない」（§23 Abs.1 BVerfGG）とい
う法律上の規定が導入されております。もう少し敷衍しますと、仮に申立人が
申立ての際に、この理由付けの義務または証拠方法の主張の義務を履行しなか
った場合には、コンメンタール等を見ますと、申立てが不適法だという処理が
されるということが書いてございます。ドイツで申立てが不適法ということの
意味は、ちょっと補助線を引かないと日本法には接続できないのですけれども、
さしあたり日本の規律との関係で思い浮かぶ筋道を申しますと、まず請求の特
定に関しての規律がございます。民訴規則53条1項と書きましたけれども、要
するに、特に民事訴訟ではまずは訴状の中に請求の原因として訴訟物を特定し
て書かなければならないわけですが、そこの部分に関する規律というのは、少
なくともドイツのこの規定は含んでいるだろうと思います。しかしながら、ド
イツのこの規定は、おそらくなのですけれども、訴訟物の特定よりも少し広い
部分を含意しておりまして、そこが私が申しました違憲性の主張責任に関わる
部分ではないかということです。すなわち、日本の民事手続に即して申します
と、訴訟物の特定はクリアしている、けれども、請求を理由付ける事実が十分
記載されていないという場合の規律も含んでいるように見受けられまして、そ
の部分というのは、要するに訴状は適法に受理されて訴訟は係属していて、し
かし申立てを理由付ける事実、請求原因のレベルで、それを具体的に主張しな
いといけない。そうすると事実上、このドイツ連邦憲法裁判所法のこの規定と
いうのは、違憲性の主張責任に関わるものを含んでいるということが言えよう
かと思います。これがまず一点目です。

(2) 事実認定権限

　二点目に関しましては、事実認定権限と書きましたけれども（本書108頁）、
これも大変面白い点でございます。何かと申しますと、連邦憲法裁判所は、規
範の合憲性に関する事実、これは憲法学で狭い意味での立法事実と呼びますけ
れども、これを認定する権限を有するというのが通説的な理解でございます。
反面として、規範の合憲性に関わるわけではない事実に関しましては、他の裁
判所の事実認定、例えば、民事の裁判所、刑事の裁判所、行政裁判所が、自分
が審理している事柄について憲法問題が前提問題としてあると思った際に、憲

法問題の部分だけを憲法裁判所に移送する、具体的規範統制ということが可能なのですけれども、そのような形で移送を受けたときに連邦憲法裁判所は、憲法問題に関係する事実以外の事実は移送元の裁判所の認定を前提にしなければいけないということになっていまして、結局のところ憲法裁判所は規範の合憲性の関する事実の認定権限を有するということで理解がまとまっているというところでございます。

　この点は、また日本とは少し規律が違うところでして、ご承知の通り日本の最高裁判所というのは、例えば民事および行政事件訴訟については職権調査事項を除き原審までの事実認定に拘束されると規定されておりまして（民事訴訟法321条１項、322条、行政事件訴訟法７条）、憲法問題について判断する場合でも、この規律がある以上は原審までに現れている訴訟資料および証拠資料のみを利用することになるはずであります。しかし、最高裁としては、実際のところ、しばしば独自に、下級審段階で主張立証されていないものを取り上げて事実認定を行っている例があります。有名な例は裁判員制度合憲判決（最大判平成23年11月16日刑集65巻８号1285頁）なのですけれども、「……憲法制定過程についての関係資料によれば、」という証拠表示のようなものがされておりますけれども、どんな関係資料かは分かりませんが関係資料を見ましたということは言っており、そこから、「憲法の文理面から、当時の政府部内で陪審制や参審制を採用することも可能であると解されていた」という事実を認定したということが言われております。婚外子相続分差別違憲決定（最大決平成25年９月４日民集67巻６号1320頁）についても、よく取り上げられますけれども、家族の実態が変化した、国民の意識が変化したという事実のようなものを認定しているわけですが、どうやって認定したかというと、そういうふうに指摘されているという、微妙な表記がされております。これらの例では、むしろ最高裁が自身で事実認定を行っているように見えるというのが、日本においても言えることかと思います。

　そこでこれをどう考えればいいかということなのですが、一つは法問題の探知だと割り切ってしまうというのがあるのですけれども、立法事実の認定をすべて法問題に入れるというのは、おそらく今までは考えられてこなかったことなので、ちょっとこれは座りが悪い。それで、ある程度座りがよいものとしては、

裁判員制度事件の調査官解説で言われているのですが、こういうことは公知の
事実なので、不要証であるという説明があります。これは事実問題だと認識し
た上で、公知の事実という規律を使ってこのような処理をしているということ
になります。おそらく日本の訴訟法理論から考えるとこのような議論になって
いくのだと思うのですが、ドイツの理論を参考にしますと、もう少しバリエー
ションが増えるかもしれないということが言えます。といいますのも、日本の
最高裁判所も、憲法81条によって違憲審査権を持っているわけですから、ドイ
ツの連邦憲法裁判所が憲法裁判所としての職責に鑑みて、規範の合憲性に関す
る事実の認定権限を有すると言われている以上は、同じ理屈を憲法81条の解釈
として持ってきまして、法令の合憲性を支える事実に関しては先ほど見た民事
訴訟法の原審の事実認定に拘束されるという規定を適用しないことにしまして、
独自の認定権限があるという立論は、少なくとも理論上は考えられるのかなと
いうことを思ったりもします。

　しかしながらこの点は、日本の最高裁判所の法的性質をどう考えるのかとい
う難問と関わっておりますので、軽々には判断がつかないところでございます。
私としましては、もう少し実務からの距離が近い論拠として、憲法問題だから
というのではなくて、上告審としての法の統一の任務に必要な範囲で、事実を
独自に認定しているんだという理屈は立てられないものかということを考えて
おります。この観点からいいますと、すでに日本でも、上告審が下級審の事実
認定を経験則違反だということで覆すことがありうるわけですし、少なくとも
民事訴訟法理論から正当化できる範囲では最高裁は若干の事実認定が独自にで
きるという理屈を立てていく方が、建設的な議論ができるのかなということを
考えております。この点もいろいろご意見をいただければ嬉しいと思っており
ます。

(3)　職権探知主義

　さらにレジュメ7頁（本書109頁）ですけれども、職権探知主義についても申
し上げるべきことがございます。先ほど述べた通り、憲法裁判所は、合憲性に
関する事実については、事実認定の権限を有するわけなのですけれども、権限
を有するというにとどまらず職権探知ができるというのが実際上は大変重要な

規律です。連邦憲法裁判所法26条１項１文は、「連邦憲法裁判所は、真実の探求のために必要な証拠を取り調べる」と規定しております。文言通り見ますと、これは、証拠資料の顕出ないしは職権証拠調べの規定に見えるわけなんですけれども、解釈論上これは、訴訟資料の顕出に関しても妥当すると言われておりまして、要するに、弁論主義の第１テーゼの部分でも職権探知が妥当しているというのがドイツの通説的な理解になります。

　このように、連邦憲法裁判所は事実認定権限があるにとどまらず、職権探知主義によってかなり広範に事実認定を独自にやっているというのが、ドイツの実態ということになります。この職権探知主義は、それ自体かなり理論的には面白いものでして、例えば行政訴訟では、「裁判所は事実関係を職権で調査する；関係人はその際に動員されなければならない（die Beteiligten sind dabei heranzuziehen）。裁判所は関係人の陳述および証拠申立てには拘束されない」（行政裁判所法86条１項）という規定があります。これも、職権探知主義の規定だと言われているのですけれども、二つの法律における職権探知主義に共通して強調されておりますのは、ドイツでは、裁判所の職権探知は義務だという点でございます。この点は、日本の職権探知の議論と比べますと、かなり対照的に見えるところでして、日本の裁判所の職権探知というのは、比喩的にいえば、義務ではなく権限だとされることがほとんどであります。例えば私の本籍である行政法に関しては、行訴法24条が職権証拠調べの規定を置いておりますけれども、これは条文上、職権で証拠を「調べることができる」、となっていて、「調べなければならない」とは書いておりませんし、最高裁は早い段階でこれは職権探知の権限であって義務ではないということを述べております。私が冒頭で紹介した論文で少し検討したのですけれども、人事訴訟ですとか、その他の訴訟に関しての日本の職権探知も、権限だと言われることがかなり多いということがあります。これに対して、ドイツでは職権探知主義を採用する以上、職権探知の義務が裁判所にあるということになりまして、これが、ドイツ連邦憲法裁判所のかなり踏み込んだ違憲判断を支えている一つの制度上の理由になることは間違いないだろうと私は思っております。

　関連する点を申しますと、「動員されなければならない」というふうに行政裁判所法に書いてあります。日本でも最近の家事事件手続法の制定、非訟事件

手続法の改正時にこれに似たような議論がされているのですけれども、ドイツでもこの規定の意味については争いがあります。当事者に手続権の保障を与えなければならないという点では一致があるのですけれども、そこから踏み込んで、当事者に事案解明のための協力（Mitwirkung）義務を読み込むという見解も実はございまして、この点には、人事訴訟とか家事事件、非訟事件の職権探知の議論にもかなり参考になる議論が含まれていると思っております。極端な規律を申し上げますと、事案の解明に協力しない場合は、それ以上、裁判所は職権探知の義務は負わない、もう調べなくてよい、さらに極端なものを理論上観念しますと、日本で狭義の事案解明義務と呼ばれているような、いわば主張立証責任を転換してしまうに近しいことまでできてしまうかもしれないというのが、ドイツの議論から考えられるところでして、これは憲法訴訟に限らず訴訟法理論一般としても面白いところではないかと思っております。

(4) 証拠調べの多様性

　続きまして、証拠調べです。レジュメでは(4)証拠調べの多様性と書きましたけれども（本書110頁）、職権証拠調べができるということなので、職権による証人尋問や鑑定というのは当然できるということになっているのですが、加えて、連邦憲法裁判所法は、例えば、他の裁判所および行政庁への協力要請（§27）ですとか、一定の手続類型においては議会・政府の意見表明の機会を与える（§77、§82、§94）ですとか、これを証拠調べと呼んでいいのかはおそらく厳密には争いがあると思いますけれども、資料を収集するためのいろいろな規律というものを用意しております。

　例えば、憲法学で著名な薬局判決（BVerfG Urt. 11. 7. 1958, BVerfGE 7, 377）、これは日本の薬事法判決のモデルになったと言われているドイツの判決ですけれども、そこでは議会が薬局を規制するための立法を作るときに基礎となる資料を丹念に裁判所が分析し直しまして、その際に、かなり綿密な証拠調べをやっております。注2（本書110頁）に挙げましたように、連邦憲法裁判所は、薬局制度等の状況を調べるために連邦内務省参事官以下のいろいろな人たちの鑑定を実施しておりますし、外国の薬局の状況まで、外国のいろいろな所の局長とかに照会するなどして、かなり綿密に調べている。それができるのは、証拠

というか、情報を取ってくる手段がかなり多様に認められているからだということが一つ言えようかと思います。

　ただ、このレベルの話ですと、おそらく日本でも、民事訴訟では調査嘱託の制度がありますので、例えば官公庁に関しては外国のものであっても調査嘱託はできますから、同じようなことはできるかもしれません。注目すべきは、最近になってドイツ連邦憲法裁判所法が新しい規律を用意した点でして、それは、98年改正で追加された27ａ条という条文になります。これは、「連邦憲法裁判所は専門知識を有する第三者に意見表明の機会を与えることができる」という規定でして、人によっては、ドイツにアミカスキュリエの規定が入ったというふうな紹介がされているところです。これは訴訟参加ではありませんので、当該第三者というのは関係人、訴訟の当事者等になるわけではないのですけれども、鑑定の手続ではありませんので、証拠調べとしての鑑定の手続を経なくても第三者から情報を取ってこれることになります。これが簡易な証拠調べとしての位置づけを事実上有してしまっているというのが、ドイツの特徴でございます。ただ、ドイツのコンメンタールを見てもあんまりしっかりした訴訟法理論上の位置づけが書いていないので、まだ調べないといけないのですけれども、かなり面白い規律が入ったことは事実です。

　しかも、これは実際には法問題に関する情報の収集でかなり使われておりまして、もはや法問題の証拠調べをしているという印象を持たれてもしょうがないような状況になっているように見えます。例で、欧州銀行監督制度合憲判決（BVerfG Urt. v. 30. Juli 2019‐2 BvR 1685/14）を挙げておりますが、これは、実は私が２年間ドイツにいた間に連邦憲法裁判所で口頭弁論があった事例で、ドイツ人の友人と一緒に実際に口頭弁論の傍聴をしたのですが、事前に進行次第がインターネット上で配布されておりまして、論点が明記されていました。例えば、「EU条約何条の解釈」とか、「ドイツ連邦憲法の何条の解釈」とかいう論点が事前に配布されていて、実際口頭弁論が始まってみたら、EU法学者などをこの27ａ条の手続として呼んできて、口頭弁論の中でそのEU条約何条の解釈はどうお考えですかというようなことを裁判官が積極的に聞いているというのを実際に目の当たりにしました。そこで実際に、法問題について外部から知見を入れるというのをかなり積極的にやってるんだなというのを興味深く

拝見したという次第であります。

　日本では、アミカスキュリエに関しては、知財高裁がアップル vs サムスンの事件の時に、当事者間で訴訟法上の合意をして、当事者が意見を募集して、それを書証として裁判所に出すという形で実施した例があるのですが、これを制度化する、もしそういう話になったときにはこのドイツの例というのも参考になろうかと思っております。

(5)　証拠調べに際しての当事者等の手続権

　最後、証拠調べに際しては、私が先ほど来強調しております当事者の関与というのが当然気になるわけなのですが、その点も充実しておりまして、証拠調べ手続であれば、当事者は列席しないといけませんし、審尋の権利を与える（§29）ということが決まっております。

　その他、ちょっと細かいので省略しますけれども、口頭弁論外で証拠調べ（§32 Abs.1 S.2）（議会の議事録の証拠調べ等）をしたときは、口頭弁論の場にその結果を出せということを学説上強く言われていたり、先ほど申し上げた法問題に関する証拠調べのような実情がありましたとしても、手続保障をしっかり与えようというのは、ドイツでの確定した方向性だろうと言えるわけでございます。

　さらに、少しだけ私の思いつきのようなことまで申しますと、ドイツでは、判決文中に学術文献ですとか専門家の意見というのをかなり詳細に記載するという伝統がございまして、こういった形からすると、すでにドイツでは、法問題の主張立証に近しいことを実務としてやっているのではないかということも言えなくはないように思います。要するに、例えばコンメンタールの記載を法問題についての証拠表示として表示しているというような見方をすれば、ドイツの連邦憲法裁判所の手続では、すでに法問題と事実問題は融解してしまっていると言っても過言ではないように思えるということでございます。

　日本に関しては、立法事実については証拠調べが、先ほど見たようにあまり行われず、認定の根拠もはっきり示されないのですけれども、法解釈の理由付けとして先例が示されるということは、少なくともございます。その延長で法解釈についても事実問題並みの手続を用意せよというのは、私もさすがに行き

過ぎかと思いますが、客観的に検証可能な形で判決文中に理由を表示するというのは、実際には大事なのではないかと思っております。これらに関してはいろいろな向きからご意見ご批判等いただきたいところでございます。

(6)　費用負担

最後に一点だけ、あまり議論されることはないのですが、私がこれは決定的だなと思いましたのは、連邦憲法裁判所法が、同法上の手続については、濫用的でない限りは、訴訟費用は国庫負担としている点です（§34 Abs.1, 2）。すなわち、どれだけ証拠調べをしても当事者には負担がいかない。これがおそらく積極的に職権証拠調べをできる一つの大きな理由でして、ここは制度上日本はそもそも限界があるだろう、これを変えるべきというのが実際上はかなり重要なポイントになるだろうということが、私から締めとして申し上げたいことになります。では、だいたい1時間ということで、私からは以上とさせていただきます。

伊藤滋　素晴らしいお話をありがとうございました。

それでは、引き続きまして御幸先生、どうぞよろしくお願いいたします。

[講演2]
憲法訴訟と要件事実論の接続可能性

御幸聖樹　それでは、報告を始めさせていただきます。横浜国立大学で憲法を担当しております、御幸と申します。本日はこのような報告の機会を賜り、誠にありがとうございます。

私事ではございますが、私は2008年に京都大学法科大学院を卒業し、その後司法修習を経て、京都大学大学院法学研究科博士課程に進み、京都大学法学研究科の助教を経て現在に至っております。司法修習を経ているということで、僅かではございますが実務の一端に触れた経験があるという点が、このような報告の機会をいただくことができた理由の一つと考えております。

さて、本題に入ります前に、最高裁判事と学者の間を行き来された高名な法

律家の一人である藤田宙靖先生は、その回想録にて、学者の思考方法について述べておられます。引用させていただきますと、「学問の真髄は『何故か』を問い続けることにある。」「『何故か』を問うということは、決して、『役に立つ』ということとは同意義ではなく、むしろ『何故か』が分かってしまっては事柄がうまく運ばなくなるということも、世の中にはいくらでもある。」それでも「何故か」を追い求めることが学問とされております。

はじめに

　本報告に与えられた課題は、レジュメ（本書112頁）にもあります通り、日本の憲法訴訟における立法事実論の現況を踏まえて、在外国民選挙権大法廷判決などを題材に多様な具体的事案における状況の下で、立法事実が要件事実の決定基準としてどのような意味を持つかについて考察することでございます。ただ、あえて申し上げるとすれば、なぜ憲法訴訟において、要件事実論がこれまで語られてこなかったのか、その「何故か」を問うものでございます。

　このような課題を達成するため、まず、本報告の射程の限定と用語の整理を行い、次に、法令審査における基本権制約の合憲性判断枠組みについて、判例・学説の現況の概観を行い、最後に、憲法訴訟と要件事実論との接続可能性の順に議論を進めてまいります。

一　本報告の射程の限定と用語の整理

　それでは、本報告の射程の限定と用語の整理（本書112頁）に進みます。憲法上の権利である基本権制約の合憲性判断枠組みは多様でありますため、それらを一律に論ずることは、議論の混乱を招くおそれがございます。

　そのため、本報告では、典型的な合憲性判断枠組みに議論を限定させていただきます。

1　違憲審査の範囲

　憲法訴訟における裁判所の違憲審査の範囲は、レジュメ（本書113頁）にお示ししましたように、文面審査、適用審査、処分審査の三つに区別することができます。そして、文面審査は、さらに狭義の文面審査と法令審査に区別されま

す。本報告では、法令審査を念頭に議論を進めてまいります。この法令審査というのは、法令の合憲性を「立法事実」に基づいて審査するという審査方法でございます。そして、この「立法事実」とは、憲法学にて比較的広く用いられております定義によりますと、「法律を制定する場合の基礎を形成し、それを支えている——背景となる社会的・経済的——事実」とされており、「司法事実」、すなわち、「係属事件の解決だけの目的で確定されねばならぬ事実、すなわち直接の当事者に関する——誰が、何を、どこで、いつ、いかに、どんな動機もしくは意図で行ったかという——事実」とは区別されます。ただ、立法事実と司法事実が区別されるといいましても、留意点がございます。

①「立法事実」の多義性？

まず、「立法事実」の意味するところは、多義的でございます。

この点、アメリカ憲法学での「立法事実」の原語であります Legislative Fact につきましては、二つに区別する有力な学説がございます。それによりますと、「立法事実」はまず、（ⅰ）「憲法解釈に関わり、憲法を施行するために用いられるルールや基準の定義に影響を及ぼす事実」（Doctrinal Fact）という、いわば法創造をもたらす事実というのがございます。アメリカでは、憲法起草過程における起草者発言等の歴史的事実というのが例に挙げられますが、日本では、例えば、憲法24条の「両性の合意」に基づく婚姻というのが、これは男性と女性を指すのか、それは起草当時はどう考えられていたのか、こういった事実はまさに憲法24条の解釈に関わる歴史的な事実で、それは、このような意味での「立法事実」に含まれます。

ただ、もう一つ、「立法事実」にはカテゴリーがございます。それが、（ⅱ）「特定の憲法解釈の下で関係し、適用されるルールや基準に則って発見される事実」（Reviewable Fact）という、いわば所与のルールや基準を前提として当てはめで用いられる事実がございます。アメリカでいいますと、人種別学が人種的マイノリティの子どもに劣等感を植え付けるかといった事実、これは有名なブラウン判決を基にしていますが、このような事実が挙げられます。日本でいいますと、薬事法違憲判決において、許可条件に距離制限規定を置くことが手段として必要かつ合理的なのか、そういった必要かつ合理的かどうかを判断するために用いられる事実、当てはめで用いられる事実がこのような「立法事

実」に当たります。

　そして、本報告では、この後者の意味、すなわち、「立法事実」をこのような所与の基準を前提として当てはめで用いられる事実として報告を進めてまいります。なぜなら、前者の意味の立法事実、例えば起草過程の歴史的事実といったような事実は、法解釈と一体化しており、論証責任等は基本的に問題にならないと考えるためでございます。そのため、後者の意味の「立法事実」にのみ焦点を当てます。

　②「立法事実」と「司法事実」の差異・相対性

　次に、「立法事実」と「司法事実」の差異と、その相対性についても留意しておく必要がございます。

　「司法事実」と異なり、「立法事実」については訴訟法上の規律の有無が異なります。これが区別の実益とされております。ただし、「立法事実」につきましても、「司法事実」と同様に訴訟法上の規律の下に顕出することは否定されてはおりません。すなわち、要請されてはいないものの、立法事実につきましても訴訟法上の規律に従って顕出されることは許容されておりますし、実際上もこのような例は多く見られるところでございます。

　レジュメには書いておりませんが、例えば、平成27年の夫婦同氏事件、夫婦別姓が現行法上認められていないことが問題となった事件ですが、その確定事件記録を東京地裁で確認しましたところ、違憲を主張する上告人側は家族生活や親子関係の実態が変化したことを論証するために、女性の勤務状況や晩婚化、再婚の増加といった事項について具体的数値を準備書面や証拠で挙げておりました。要は、そのような「立法事実」について、当事者が訴訟法上の規律に則って挙げることは通常行われているということでございます。それは禁止されるわけではございません。

　また、この点とも関連いたしますが、レジュメの下から4行目（本書114頁14行目）でございますが、「司法事実」として顕出された事実につきまして、より一般化して「立法事実」として判決・決定にて用いることも禁止されておりません。これは、適用審査と法令審査がかなり揺れ動くという、そのことがここに現れます。

　さらに、「立法事実」の顕出手続につきまして、憲法論としてではございま

すが、証明度や主張立証責任などに類似の概念が提示されております。

　また、例えば、アミカスのような訴訟当事者以外の第三者による意見提出を求めるという制度を作った方がいいというような立法論が説かれることがあります。また、裁判所による望ましい運用として、例えば、私人間訴訟において憲法問題が生じた際にいわゆる法務大臣権限4条を活用し、法務大臣が意見を提出できるようにした方が良いのだといったことが説かれるところでございます。

　以上が留意点でございます。

2　基本権の性質

　次に、基本権の性質につきまして、基本権の機能論的分類として、レジュメ（本書114頁）でお示ししましたような分類が教科書類でなされているのが一般的でございます。本報告で念頭にしている合憲性判断枠組みは、保障内容が憲法上確定されているような、主として消極的権利の制約がなされた場合に主として用いられる合憲性判断枠組みを念頭に報告を進めてまいります。

3　小括

　そのため、本報告は、基本的には、自由権制約の法令審査で用いられるような合憲性判断枠組みを念頭に議論を進めてまいります。

二　法令審査における基本権制約の合憲性判断枠組みについて
判例・学説の現況の概観
1　憲法の条文構造

　それでは、以上のような本報告の射程を踏まえまして、憲法の合憲性判断枠組みについて述べさせていただきます。

　まず、条文構造として、基本権に関する憲法の条文は、原則として要件効果モデル、すなわちAという要件事実があればBという法的効果が生じる、そういった図式で規定されているわけではございません。

　このような要件効果モデルの例として、レジュメ（本書115頁）では民法709条を挙げておりますが、そこでは、①故意又は過失、②法益侵害、③損害の発

生、④因果関係、という要件を満たせば、損害賠償請求権という効果が発生する、そういった仕組みになっております。

　このような通常の要件効果モデルの条文と比べますと、基本権に関する憲法の条文構造は、例えば、憲法21条１項のように、基本権をまず各条文で列挙するという形をとっております。そのように、人権カタログで様々な基本権が憲法上列挙されるわけでございますが、ただし、そのように明示的に保障される基本権も原則として絶対無制約ではなく、「公共の福祉」（12条、13条後段、22条１項、29条２項）によって制約を受けると規定されております。

　この、憲法の人権部分がなぜ要件効果モデルで規定されていないのかという理由につきましては、二点ほど理由を付けることができます。すなわち、①憲法問題は幅広く多様な問題が生じますので、要件効果のような類型的なルールを事前に設定できない、そういった特殊性がまず一点目として挙げられます。二点目は、②時代状況の変化によって結論も変わりうる問題も生じうることが予測されますため、要件効果のようなルール設定を避けて原理規定に留める方が望ましい、そういった理由が挙げられます。

　いずれにせよ、要件事実論とは、少なくとも典型的には、実体法は要件効果モデルで規定されているものの条文構造だけでは必ずしも裁判における立証の分配が明らかではない場合、例えば、条文上の要件は善意と規定されているものの、善意の立証は困難でありますため、相手方に悪意の立証を負わせるといったような、実体法の趣旨を立証が問題となる訴訟の場において最も適切に実現すること、それを志向するのが要件事実論であると思われます。そうしますと、憲法は条文構造からして、そのような典型とは異質のものでございます。そして、これから述べますように、そのような条文構造がさらに判断枠組みの違いを生み出してまいります。

2　利益衡量の必要性とその限界

　次の項目、「利益衡量の必要性とその限界」（本書116頁）に進みます。

　憲法の条文構造を踏まえて、「基本権の保障」と「公共の福祉」の両者の関係をどのように理解するのかという解釈が、次に問題となります。

　この点につきましては、包括的基本権と解されている幸福追求権の保障規定

でもございます憲法13条後段では「生命、自由及び幸福追求に対する国民の権利については、公共の福祉に反しない限り、立法その他の国政の上で、最大の尊重を必要とする。」と規定しております。この「最大の尊重を必要とする」との文言から、「基本権の保障」も「公共の福祉」の実現も共に原理規定として最適化が求められますところ、両者が衝突して調整が生じる場合には基本権の保障に最大限配慮されるべきとの解釈が導出できます。このような条文解釈を背景として、合憲性判断に際して、基本権とその制約目的たる法益の価値を比較衡量することが求められることとなります。そして、「公共の福祉」を理由とする基本権の制限は、一方では、基本権の制限によって得られる利益又はその価値、他方では、基本権を制限しないことによって維持される利益又はその価値、この両者を比較衡量して、前者の得られる利益又は価値が高いと判断される場合にのみ合憲とされます。

　基本権制約の合憲性判断に際して、基本的な方法論としてこのような利益衡量が必要となる点につきましては、判例・学説ともに現在では争いはないところでございます。

　しかし、利益衡量といいましても、比較される利益ないし価値について共通の物差しがあるわけではございません。そうしますと、裁判官の主観による恣意的判断のおそれ等が生じます。こういった帰結を避けるため、利益衡量の判断過程を分節して、判断の各段階における争点を明確にするとともに、判断基準や論証ルールを定めて評価の検証可能性を高める必要が生じます。そこでこのような利益衡量につきまして、学説上、違憲審査基準論と三段階審査論が、利益衡量を精緻化する理論として導出されることになります。

3　精緻化された利益衡量としての、違憲審査基準論と三段階審査論

　それでは、次の「精緻化された利益衡量としての、違憲審査基準論と三段階審査論」（本書117頁）にまいります。

　なお、ここで違憲審査基準論・三段階審査論といいますのは、あくまで日本におけるそれらの理論を前提としておりますが、違憲審査基準論につきましては、適宜アメリカの議論なども踏まえつつご報告をさせていただきます。なお、私自身は、主として、英米の憲法学を比較法の対象国としておりますので、私

の能力上、三段階審査論につきましては、説明が薄くなりがちな、もっといいますと、誤解があるかもしれないということはご容赦いただけますと幸いです。あとで、渡辺先生からその点ご教示いただけますと幸いです。

　さて、違憲審査基準論と三段階審査論の要素は、五つの要素に分解可能でございます。すなわち、(1)違憲審査の基本枠組み及び審査の対象となる観点、(2)各観点を審査する際の実体的判断基準、(3)審査における論証責任の分配と要求される論証の程度、(4)論証に際して用いることができる論拠の範囲、(5)各問題領域あるいは事件において、先ほどの(2)から(4)を定める基準、でございます。以下、順に検討してまいります。

(1)　違憲審査の基本枠組み及び審査の対象となる観点

　まず、(1)違憲審査の基本枠組み及び審査の対象となる観点についてでございます。違憲審査基準論も三段階審査論と同様に、基本権の保護範囲・基本権に対する制約・基本権の制約の正当化の三段階に整理できます。そして、三段階目の正当化段階において、違憲審査基準論・三段階審査論ともに目的手段審査を行うことになります。ここで、利益衡量を目的手段審査で行うという点が注目に値すると思われます。すなわち、要件効果モデルではなく、目的手段モデルでの利益衡量という判断枠組みこそが基本権制約の合憲性判断枠組みにて採用されております。そして、目的手段審査は、要件効果モデルのような伝統的な法解釈手法とは異なる政策的思考方式でございます。なぜ違憲審査において目的手段審査がなされるか、そのような疑問につきましては、法律の合憲性判断に関する第一次的判断権は国会にあり、裁判所は第一次的判断権の適否を事後的に審査することになるため、といった説明がなされます。すなわち、国会は立法目的を実現するための手段として法律を定めて規制を行うのであって、その判断は目的手段の枠組みにより行われます。そうであれば、事後的な審査を行う裁判所による違憲審査につきましても、この目的手段の枠組みに沿って国会の第一次的判断を検証するのが合理的である、このような説明がなされます。

(2)　各観点を審査する際の実体的判断基準

　次の項目にまいります（本書118頁）。この、「(2)各観点を審査する際の実体的判断基準」という項目は、目的審査においてどの程度の目的の重要性を要求

するか、手段審査において目的達成のための手段としてどの程度まで過剰性や過少性を容認するかといったことに関係いたします。この実体的判断基準につきましては、違憲審査基準論と三段階審査論で、アプローチが異なります。

　まず、違憲審査基準論では、レジュメにも挙げられておりますように（本書119頁）、原則的な三つの実体的判断基準が提唱されます。すなわち、①厳格審査基準では、目的がやむにやまれぬ利益のためのものであること、手段が目的達成のために必要最小限度の手段であること、という審査を通過しなければ違憲とされます。他方、②中間審査基準では、目的が重要であること、手段が目的達成のために実質的な関連性を有する手段であること、という審査になり、③合理性の基準では、目的が正当であること、手段が目的と合理的関連性を有することといった審査となります。なお、レジュメには記載しておりませんが、アメリカの議論では、このような違憲審査基準のうち、例えば厳格審査基準を裁判所が採用するといったことは立法府による立法事実の顕出を促進するという議論がございます。すなわち、ある重要な権利が問題となった場合には厳格審査基準を採用するといった判例法理が存在するとき、立法府はその後の裁判を見越してしっかりと立法事実の顕出を行うようになり、結果として裁判の場において立法事実に関する資料が集まるというような理屈でございます。巽先生のご報告にありました事案解明とは少し文脈が異なるところではございますが、違憲審査基準論にはこのような議論もございます。いずれにしましても、以上が違憲審査基準論の実体的判断基準でございます。

　他方、三段階審査論では、比例原則の適用を緩やかにするか厳しくするか、審査密度を変化させますが、違憲審査基準論と異なる点は、段階的な基準を設定するものではないという点が特徴として挙げられます。以上が実体的判断基準でございます。

(3)　審査における論証責任の分配と要求される論証の程度

　次に、論証責任の分配と要求される論証の程度（本書119頁）に進みます。

　これは、上記の実体的判断基準を充足することについて、いずれの当事者が論証する責任を負うか、あるいはどの程度の論証を要求するかといったことを定める手続的基準についての議論でございます。すなわち、まず、論証責任の分配について述べさせていただきますと、先ほどの実体的判断基準を基にした

目的手段審査において立法事実の裏付けがあるかどうかが審査されますところ、法律を支える事実状況の存在の推定がなされる場合には違憲を主張する当事者に論証責任が負わされることとなります。

　この点、日本における違憲審査基準論はこのような合憲性の推定を認めており、精神的自由と経済的自由とで合憲性の推定を認めるかどうかの区別がなされております。そのため、レジュメには書いておりませんが、例えば、表現の自由の内容中立規制は中間審査基準、経済的自由の消極目的規制も中間審査基準、どちらも実体的判断基準としては中間審査基準を採るというのが違憲審査基準でございますが、論証責任の分配が異なります。表現の自由の内容中立規制の場合は、違憲主張者側に論証責任が課されます。他方、経済的自由の消極目的規制は、合憲主張者側に論証責任が課されることとなります。このように違憲審査基準論といいますのは、実体的判断基準だけではなく、合憲主張者側と違憲主張者側のどちらの側に論証責任が課されるのかを分配するという理論でもございます。

　他方、日本における三段階審査論はこのような論証責任の分配の変動、すなわち、問題となっている基本権の種類などに応じて論証責任の分配が変わりうるといったことは考慮していないのではと思われるところではございます。ただ、この点は私の勉強不足かもしれませんので後々ご教示いただけたらと存じます。

　ちなみに、アメリカの判例における論証責任、論者によって様々な用語が用いられますので、さしあたり「burden of proof」という用語を用いますが、この論証責任の分配は、アメリカ判例においては訴訟の帰趨を決する重要な役割を果たす場合がございます。アメリカの判例におきましても、基本的に論証責任を負いますのは、厳格審査の場合は合憲主張者、すなわち多くの場合は州や合衆国政府でありますし、合理性の基準の場合は違憲主張者が負うということになっております。すなわち、実体的判断基準と論証責任の分配が連動するのが通常でございます。そして、証明できないので違憲または合憲とする、そういった判決も一般的でございます。

　しかし、二点ほど、留意点がございます。まず、①合理性の基準であっても論証責任を合憲主張者側に負わせるという事件がございます。そのような事件

として、レジュメ（本書120頁）には「City of Cleburne v. Cleburne Living Center 事件」を挙げておりますが、この事件はどういった事件かといいますと、知的ハンディキャップを持った子どもたちのためのグループホームの運営をしたいと許可申請を行ったところ、市の拒否処分を受けたという事案でございます。平等の問題でございますが、知的ハンディキャップを持った子どもたちという集団というのはそれ自体としては人種のような疑わしい範疇ではございません。そうしますと、実体的判断基準を上げることはないわけですが、やはり差別が疑われ、問題がある。そのように連邦最高裁は考えたのか、クリバーン市側に論証責任を負わせて、市の正当な利益を脅かすということは記録から認定できないとして市の拒否処分を違憲無効としました。合理性の基準であっても、論証責任の分配を変えて、違憲という結論を導いたわけです。

　また逆に、厳格審査であっても論証責任を違憲主張者に負わせる事件というのもございます。そのような事件として、「Burson v. Freeman 事件」がございます。この事件は、投票所の入り口から100フィート以内での選挙運動を禁止するテネシー州法が問題となった事件でございます。選挙運動規制でございますので、厳格審査基準が採られたのですが、連邦最高裁は州側に論証責任を負わせることなく、結果として合憲としております。

　このようにアメリカの判例を見ていきますと、実体的判断基準の変更は行わないものの、望ましいと連邦最高裁が考える結論を導出するために論証責任の分配を変動させるといったことが行われております。

　また、二点目、これは論証責任の程度に関わるものでございますが、②中間審査基準の場合、論証責任の程度も様々でございます。まず、合憲主張者に「極めて説得的な（exceedingly persuasive）」正当化を要求した事件がございます。「United States v. Virginia 事件」というのがそのような事件でございます。この事件は、男性のみの入学を認めるバージニア州立軍学校について、性差別が問題となった事件でございます。性別に基づく別異取り扱いということで、中間審査が採用されたのではございますが、合憲を主張する州側に課された論証責任の程度はかなり重く、極めて説得的な正当化というかなり重い論証責任の程度を課しており、結果として違憲としております。

　他方、同じ中間審査でありましても、求められる論証の程度をかなり弱めて、

「実質的な証拠に基づいて合理的な推論（reasonable inferences based on substantial evidence）」を引き出している限り、合憲主張者（連邦議会）の立法事実の認定に敬譲を払うという事件もございます。「Turner Broadcasting Sys., Inc. v. FCC（Turner Ⅰ and Turner Ⅱ）事件」がそのような事件でございます。この事件は、ローカルの地上波放送局を保護するために、ケーブルテレビに対して行った連邦法の規制が問題となりました。表現の内容中立規制のため、中間審査が採用されましたが、論証責任の程度はかなり弱められ、結果として合憲とされております。

　このように、アメリカの判例をしっかり見てみますと、実体的判断基準よりも論証責任の分配が結論に大きく影響を及ぼすことも多々ございます。ただし、論証責任の分配ルールは混沌とした状況でございます。日本の違憲審査基準論との距離も気になるところではございますが、さしあたり現状の指摘に留めさせていただきます。以上がアメリカの話でございますが、すなわち、実体的判断基準と論証責任は異なるということを申し上げました。

　それではレジュメ８頁目（本書121頁）の論証責任の話にまいります。なお、論証責任という用語を用いてまいりましたが、ここで、その用語の意味を確認しておきます。「論証責任」とは、事実上、違憲ないし合憲を主張する当事者が裁判所に相当の根拠を抱かせるに努めざるを得ないということを指す、というふうに言われます。この論証責任の定義にあります相当の根拠というのが、論証の程度でございますが、その内実につきましては私が知る限り学説上あまり議論されていないというのが現状でございます。議論がありますのは、論証責任という概念が訴訟法上の立証責任とは異なる概念として用いられているということでございます。

　このように訴訟法上の立証責任と区別される理由としましては、法令審査における目的手段審査は法解釈の問題であり、事実認定の問題ではない。そのため、事実認定に関する訴訟法上の規律も受けないということが挙げられております。

　この点、レジュメには記載しておりませんが、より仔細に述べますと、例えば、憲法学者の高橋和之先生はそのご単著『体系憲法訴訟』にて、「法律の合憲性審査は裁判所の責務」であり、「当事者主義的論理は通用しない」。「『法律

問題』である以上、裁判所が責任を持って判断しなければならない」として、ここでの問題は、訴訟当事者間の立証責任の配分の問題ではなく、厳密には「立法府と裁判所の間の問題」であり、立法事実が存在するという立法府の判断を裁判所が尊重するかどうかといった問題とされております。

　以上のように、「論証責任」という用語が選択されるとき、それは訴訟法上の「立証責任」とは異なるという意識が強く反映されております。

　ただ、そのように立証責任と論証責任が論理的に区別されることは確かではございますが、現実として立法事実は裁判所にとって探知しにくいものであることに鑑みますと、論証責任の分配というルールを論ずることには一定の説得力がございます。そして、違憲審査基準論による論証責任の分配基準は精神的自由と経済的自由という二重の基準に基づくものでございますが、より仔細に述べますと、立法事実という裁判所にとっても探知しにくい性質のものについて議会の判断と裁判所の判断のどちらを優先させるべきかという考慮、すなわち、精神的自由の場合には議会の判断は信用できないという理由があるため裁判所の判断を優先させるといったような考慮がこの背後にはございます。

　まとめますと、論証責任という概念は、立証責任という概念と区別されておりますが、類似した機能を果たすことはあり得ます。日本の違憲審査基準論は精神的自由か経済的自由かで論証責任を分配しており、また、論証の程度については日本ではそもそも議論が深まってはおりません。この点、レジュメにまた書いていないところでございますが、アメリカの判例が、実体的判断基準だけではなく、先ほど申し上げましたように論証責任の分配や論証の程度といった要素も用いながらある種きめ細やかな判断基準、言い換えますと、予見可能性を一定程度犠牲にしながらも妥当な解決を導こうとする基準を模索していることは、日本の違憲審査基準論、もしかすると括弧付きの司法試験受験生の違憲審査基準論といってよいのかもしれませんが、それとの距離を感じるところではございます。特に、中間審査基準論につきましては、アメリカでは、論証の程度も操作することで多様な基準になりうることが指摘されております。以上は(3)の部分でございます。

　(4)　論証に際して用いることができる論拠の範囲

　それでは次にまいります。「(4)論証に際して用いることができる論拠の範

囲」（本書121頁）でございますが、この項目は、合憲性判断の論証に際してどのような論拠に基づくことができるか、に関わるものでございます。具体的には、違憲審査の範囲として法令の文面のみに基づき審査するのか、立法事実に基づく審査が許されるのかといった差異が生じます。すでに述べました通り、本報告では、立法事実に基づく審査、すなわち法令審査に議論の射程を限定しております。

(5) 各問題領域あるいは事件において(2)から(4)を定める基準

次に、「(5)各問題領域あるいは事件において(2)から(4)を定める基準」の項目（本書121頁）に進みます。これは、どのような違憲審査基準を設定すべきかといったことを議論するための基準であり、具体的には、二重の基準、制約態様の強度、規制目的二分論などがこの要素に含まれます。

(6) 小括

以上が、学説であります違憲審査基準論と三段階審査論による利益衡量の精緻化でございます。要件事実論との距離を考える上で特に重要であると思われますのは、一つ目が、判断枠組みが目的手段モデルによる利益衡量であって、要件効果モデルとは異なるということでございます。次に、二点目として、憲法論として、証明度や主張立証責任に類似の概念である論証の程度や論証責任というものが語られてまいりました。

4　判例の合憲性判断枠組み

それでは、「4　判例の合憲性判断枠組み」（本書122頁）に進みます。違憲審査基準論や三段階審査論といった学説との異同につきまして、本報告との関係で必要な部分のみ触れてまいります。

(1) 違憲審査の基本枠組み及び審査の対象となる観点

まず、「(1)違憲審査の基本枠組み及び審査の対象となる観点」（本書122頁）にまいります。現在の判例も合憲性判断において利益衡量を行う点は学説と同じでございます。そして、利益衡量において、学説のように目的・手段審査を整然と区別せずに総合的判断の一要素として目的・手段に着目するにすぎない判例もございますが、基本的には目的手段審査を利益衡量の手法として行うものと評価できるのではないかと考えております。

⑵　各観点を審査する際の実体的判断基準

　次に、「⑵各観点を審査する際の実体的判断基準」（本書122頁）にまいります。判例は、審査の厳格度については、事案に応じて厳格な基準を採用するものの、（ⅰ）例えば表現の自由の場合は厳格な基準を採用するといったような一般的な宣言を行うことはいたしませんし、かつ、（ⅱ）講学上の用語をそのまま用いることは少ないという傾向にございます。これは、日本の違憲審査基準論と比べますと、裁判官の柔軟な判断の余地を残しておく点が特徴的でございます。判例の特徴として、さらに、厳格な基準としてそれをより具体化させたような原則例外を組み込んだ基準が採用される場合もございます。あくまで選挙権という能動的権利の行使に関する判例でございますが、在外国民選挙権大法廷判決では「国民の選挙権又はその行使を制限することは原則として許されず、国民の選挙権又はその行使を制限するためには、そのような制限をすることがやむを得ないと認められる事由がなければならない」とされております。ただし、このような原則例外を組み込んだ基準が採用されるケースは判例では必ずしも多くはございません。

⑶　審査における論証責任の分配と要求される論証の程度

　次の項目にまいります。「⑶審査における論証責任の分配と要求される論証の程度」（本書123頁）でございますが、論証責任につきましては最高裁判例ではそもそもあまり意識されていないのが現状ではないかと存じます。ただ、下級審判決では論証責任を明示する裁判例もございます。例えば、法の下の平等に関する裁判例ではございますが、醜状障害につきまして男女で等級を分ける障害等級表の別異取り扱いの合憲性が争われた事件におきまして、合憲性の論証責任、判決文上は「立証責任」でございますが、これが国に負わされている、そういった事件が裁判例レベルではございます。

⑷　小括

　以上、小括ということで判例の現況をまとめますと、学説との類似点としては、⑴判例は基本的には目的手段審査の形で利益衡量を行う、そういった点が挙げられます。他方、学説との相違点につきましては、⑵目的手段審査の実体的判断基準については、違憲審査基準論のように審査の厳格度を予め宣言することはなく、事案に応じて柔軟に決定されること、および⑶論証責任について

は最高裁判例ではあまり意識されていないといったことが挙げられます。以上が、憲法の基本権の判断枠組みでございました。

三　憲法訴訟と要件事実論との接続可能性

　最後に、「三　憲法訴訟と要件事実論との接続可能性」という最後の項目に進みます（本書123頁）。これまで、判例・学説の合憲性判断枠組みについて概説してまいりましたが、これを踏まえて、憲法訴訟と要件事実論との接合可能性を検討いたします。

1　憲法訴訟を要件事実論で語ることの可能性

　まず、憲法訴訟を要件事実論で語ることの可能性につきましては、合憲性判断は利益衡量によってなされるところ、その利益衡量が目的手段審査で行われることには学説上争いはなく、判例も基本的にはそのように整理できるのではないかといったことはすでに述べた通りでございます。

　そして、目的手段審査につきまして、目的の重要性や手段の必要性といったような各論証命題につきまして、過失（民法709条）や「正当な事由」（借地借家法6条、28条）といった規範的要件、評価的要件と同種のものと捉えて、目的手段審査を評価根拠事実・評価障害事実等の概念を用いて整理することは可能ではあると思います。ただ、レジュメには記載していないことではございますが、やや気になる点もございます。それは、通常、評価根拠事実、評価障害事実そしてまた経験則といったもので事実認定をするというのが通常の司法事実の場合だと思うのですが、通常の事実認定における経験則という概念、これを法令審査のような憲法訴訟においてどこまで用いてよいのかという点は少し気にかかっております。この点は、レジュメには書いておりませんが、実は、立法事実と経験則が時に区別が困難であるということはよく指摘されるところでもございます。

　例えば、民事訴訟学者の太田勝造先生もそのご単著『民事紛争解決手続論』の中で、立法事実と経験則は時に区別は困難だと指摘されているところでございます。立法事実と経験則というのは、多くの場合、自然科学や社会科学を基礎とした一般的抽象的命題である、そういった点で類似しております。そして、

経験則は司法事実の確定という役割を果たしているだけで、立法事実と経験則の性質自体は類似しているというのは一理あるところではございます。ただ、長くなりますが、経験則と申しますと、例えば刑事事件でいえば近接所持の法理というものが想起されます。窃盗罪の犯人性の認定におきまして、被害発生の時点と近接した時点において被害品を所持していたのであれば、その者は犯人性が推定されるわけですが、その近接所持の法理という背景には被害発生の直後であれば被害品は犯人の手にあることが多い、という経験則がございます。ここでの経験則は、あくまで事実としてそういうことが多いということを示しているのだと存じます。同様に、民事事件の経験則につきましても、例えば私文書の成立についてのいわゆる二段の推定の一段階目といったものが想起されます。押印が本人の所有印鑑によるものであることが認められるとその印影は本人の意思に基づいて押印されたものと事実上推定できるというのが二段の推定の一段階目の推定でございますが、その背景には、一般的に判子というものは他人に貸さないんだという経験則がございます。ここでの経験則もあくまで事実としてそういうことが多いという類のものであろうかと存じます。

　他方、憲法訴訟において経験則というもので立法事実を認定していると評価できる場合ももちろんあろうかと存じます。ただ、憲法訴訟では経験則という事実の集積だけではなく、そこには、価値判断が混入している場合もあるように思います。レジュメから離れて恐縮なのですが、アメリカの判例にて、平等の事件でございますが、Craig v. Boren 事件というのがございます。この事件は、ビールの購入可能年齢について、男性を21歳、女性を18歳とする州法の合憲性が問題となった事件でございます。なぜ、女性は18歳からお酒を飲めるけど男性は21歳からしか飲めないのか。実は、その背景には若い男性は飲酒運転の割合が高いという統計が存在しており、女性よりも男性の飲酒可能年齢を上げれば飲酒運転が減るということが経験則としては言える状況でございました。しかし、お酒を飲める年齢を男性だけ引き上げるという手法は違憲となりました。法廷意見を執筆したブレナン判事によると、そのような統計に従うことは平等保護条項との規範的な哲学との緊張を生み出すものであるとされております。

　この事件の評価にも関わりますが、経験則というものを立法事実の認定にど

こまで用いることができるかということについて、この事件は示唆を与えるようにも思われます。通常の事実認定では事実の集積としての経験則が用いられるとしても、基本的に少数者の人権が問題となりがちな憲法訴訟の場において立法事実の認定に際し価値判断は不要なのかどうかというのは少し気になるところでございます。また、これと同じ文脈かは定かではございませんが、ドイツでも、立法事実を経験則として捉えることができるかという問題はあるようでございまして、その点は原竹裕先生のご単著の『裁判による法創造と事実審理』に記述されております。

2 憲法訴訟を要件事実論で語ることは有益か（憲法訴訟の特殊性）

　脇道にそれて非常に長くなりましたが、戻ります。レジュメ10頁目最後の1行（本書124頁14行目）です。レジュメ10頁目下から9行目（本書124頁3行目）ですが、このような若干の疑問がありながらも、目的手段審査を評価根拠事実、評価障害事実との概念を用いて整理することは基本的には可能であろうと存じます。そして、レジュメ10頁目の下から7行目くらい（本書124頁8行目）ですが、立法事実の認定は困難なものであり真偽不明に陥りやすいことも踏まえますと、二重の基準を基に精神的自由については論証責任を国に負わせるといったことは、より基本権の保護に資するように思われます。そうであれば、このような整理は、違憲審査基準論のように論証責任の分配の変動を意識する学説に親和的と思われますし、「そうあるべき」という考え方としては十分成り立ちうると思います。

　ただ、他の法領域における要件事実論とは異なり、憲法訴訟には以下の特殊性がございます。そうしますと、憲法訴訟を要件事実論で語ることはどれほど有益か、という問題が出てくるように思います。例えるならば、野球とクリケットというスポーツを考えたとき、クリケットを説明するときに野球の用語を用いて説明することはある程度可能ではございます。しかし、そこには限界があって、野球の用語ではクリケットを十分には説明し尽くせないのではないかと、そういった懸念がここからの問題でございます。

(1)　立法事実の審査であることに起因する相違点

　レジュメの11頁（本書124頁）にまいります。

　まず、「(1)立法事実の審査であることに起因する相違点」でございますが、法令審査は法の解釈に当たるため、事実認定についての訴訟法の規律は適用されないと今までの憲法学は考えてきたように思います。この点は誤解等ありましたらご指摘いただきたいと思いますし、また、様々ご批判いただけたらと思うのですが。また、法令審査における論証責任の分配はあくまで憲法論として語られてきたのであって、要件事実論の立証責任の分配とはこの点で異なります。そして、より仔細に検討いたしますと、仮に論証責任の分配を認めるとして、例えば民法上の法定相続分規定の合憲性が私人間訴訟で争われる場合などについて、論証責任の分配ルールを変更する必要がないかということは別途検討する余地があると思われます。基本的には論証責任を強調する、より要件事実論に近づけていくという考え方を採るべきかどうかというのは、憲法訴訟における裁判所の役割として当該事件の解決か統一的な法宣言のどちらを重視するのかということに究極は関わってくるのではないかと考えております。

　(2)　論証責任の分配を行わない現状の判例

　次に、「(2)論証責任の分配を行わない現状の判例」（本書125頁）に進みます。最高裁判例はすでに述べましたように、論証責任の分配を行っておりません。そのため、論証責任の分配を基に評価根拠事実・評価障害事実といった概念を用いて目的手段審査を論ずることは、判例を指導する理論、「そうあるべき」という理論としてはともかく、現状の判例についての「実際にそうである」という説明とは距離があると思われます。

　(3)　目的手段モデルにおける立証命題の不確かさ

　最後に、「(3)目的手段モデルにおける立証命題の不確かさ」（本書125頁）に進みます。目的手段審査の立証命題の意味するところは、さほど明らかではございません。例えば、民法709条の「過失」は、「結果発生の予見可能性がありながら、結果の発生を回避するために必要とされる措置を講じなかったこと」と定義可能でございますが、他方、中間審査の目的審査であります目的が「重要であること」という命題は、それ自体としては不明確で、目的として重要かどうかは対抗利益と衡量しないと認定できないと考えられているように思われます。このような差異は、合憲性判断枠組みが要件効果モデルとは異なって、政策的思考としての目的手段モデルに立脚していることに起因しているのでは

とも思います。すなわち、通常の要件事実の評価的要件は、その要件を設定した時点で一定の利益ないし価値の衡量を終えているように思われます。例えば、「過失」という要件については、①被害者の権利保護と②加害者の行動の自由の保障という価値が衡量された結果、重過失でもなく過失というものが使われた、そのようにも解されます。そうであれば、目的手段審査の立証命題を規範的・評価的「要件」という用語を充てることには躊躇も覚えます。このことは、実体的判断基準をある程度柔軟に決定する三段階審査論や判例の立場を踏まえますと、より一層当てはまるように思われるのです。

3　結語

　レジュメの12頁（本書126頁）にまいります。憲法学には立法事実をめぐる豊富な議論がございます。その中には、要件事実論と類似の概念も確かに存在いたします。憲法訴訟の目的手段審査について、論証責任の分配を基に評価根拠事実・評価障害事実といった概念を用いて整理することは可能であろうと存じます。ただし、憲法訴訟には通常の要件事実論が妥当しない特殊性が上で述べたようにございます。そのような特殊性を踏まえますと、主張・反論ではなく要件事実論を踏まえて評価根拠事実・評価障害事実等の概念に置き換えることにどれだけの実益があるのか、疑問も残るところではございます。

　「何故か」を問うことが学問であり、「役に立つ」こととは同意義ではない、「何故か」が分かることによって事柄がうまく運ばなくなるということも世の中にはいくらでもある。これは冒頭で引用させていただいた藤田宙靖先生の言葉でございますが、私の本日の報告も、そのような役に立たないものかもしれません。すなわち、要件事実論の知見を憲法訴訟論に持ってくることは不可能ではないか、もしかすると有益ではないのではないかという報告ですので、そのように思われるかもしれません。ただ、憲法訴訟において、要件事実論がなぜ語られてこなかったのかという理由につきましては、単に憲法学者が要件事実論を知らなかったということではなく、憲法訴訟には要件事実論に完全に回収しきれないような性質があるように思われるのです。

　もちろん、私の理解不足も多々あろうかと存じますし、私自身、憲法訴訟のあるべき姿についてはまだ立ち位置を決めかねている点もございます。ただ、

今後の議論のきっかけの一つになれたらと考えております。ご静聴ありがとうございました。

　伊藤滋　素晴らしいお話をありがとうございました。休憩が3時10分から20分までということでしたが御幸先生が時間内で早く収めていただいた関係で、休憩時間を少し長くしたらどうかと思います。次は、当初の予定通り、20分から次のお話を伺うということにしたいと思います。それでは休憩といたします。

（休憩）

　伊藤滋　時間が参りましたので、休憩を終了して佃先生の話を伺いたいと思います。どうぞよろしくお願いいたします。

[講演3]
名誉毀損・プライバシー侵害の要件事実

　佃克彦　佃でございます。よろしくお願いいたします。私は、名誉毀損・プライバシー侵害の要件事実というテーマでお話しいたします。

　最初に自己紹介をします。私は、1993年に弁護士登録をし、実務に就いて現在は27年目です。名誉毀損・プライバシーの関係では、『名誉毀損の法律実務』と『プライバシー権・肖像権の法律実務』という二冊の書籍を執筆しております。このことから本日の講演のお呼びがかかったのだろうと思っております。

　なぜ私が名誉やプライバシーに関する書籍を執筆したのかと申しますと、私は、若い頃に所属していた法律事務所で名誉毀損やプライバシー侵害に関わる事件を数多く担当させてもらい、いくつも事件をやっていくうちに、名誉やプライバシーに関する自分の思いや考えを整理したくなり、それでこれらの本を書いたのです。私が担当した事件で、先生方もご存知かもしれない事件をいうと「石に泳ぐ魚事件」。あれは私が駆け出しの頃に遭遇した事件です。もちろん私にではなくボスに依頼がきた事件です。

はじめに

　さて、本題に入ります。まず、「『表現の自由の優越的地位』について（いかなる点で、なぜ"優越"なのか？）」（本書127頁）から話を始めたいと思います。今日これから話すことの前提となる話です。

　表現の自由は優越的地位を有すると言われておりますが、この「優越的地位」とは、いかなる点で優越しているのか、それから、なぜ優越しているのか、という二つについてお話をします。

　まず一点目、いかなる点で優越しているのか。表現の自由に認められる「優越」性とは、その保護の必要性や保護の程度の点で優越しているという意味ではないと私は理解しています。つまり、表現の自由が名誉やプライバシーなどの他の人権よりも手厚く保障されるということではない、ということです。すなわち、権利の実体的な内容において表現の自由が他の権利よりも価値があるとか、より保護されるべきであるとかいう意味ではないということです。ではいかなる点で優越しているのか。表現の自由は、他の人権よりも規制の合憲性について司法審査が厳格になされる、というのが「優越」の意味だと理解しています。よく、経済的な自由は緩やかな審査基準でよいけれども、表現の自由については厳格な基準で審査しなければいけないと言われていますが、そういう考え方が優越的地位の意味だと私は理解しています。

　では、なぜ表現の自由は優越的地位を有するのか。これは、私の理解を前提としますと、表現の自由にはなぜ厳格な審査基準が要請されるのか、と言い換えることができます。この点について私は、表現の自由は、他の人権よりも不当な制限を受けやすいから、だから優越的な地位に置かなければいけないのだ、というふうに理解をしております。表現の自由には自己実現の価値や自己統治の価値があるから優越的地位が認められて、だから厳格な審査が及ぶのだ、という見解はよく聞きますけれども、私の理解は少し違っていて、今申し上げたように、他の人権よりも不当な制限を受けやすいから優越的な地位に置いてしっかりと守らなければいけないのだ、ということだと理解しております。

　では、なぜ表現の自由は他の人権よりも不当な制限を受けやすいのかというと、これには理由が二点あります。

　まず一点目の理由は、言論表現を自由にすると、必然的に、権力側、体制側、

抑圧する側に対する批判が発生するという点にポイントがあります。言論表現の自由によって、自分を押さえつけてくる側、自分に力を振るってくる側に対する批判が喚起・誘発されるわけですね。言論表現にはそういった性質があるから、体制側、権力側、抑圧する側は、言論表現を規制しがちである。これが、表現の自由が他の人権よりも不当な制限を受けやすい理由の第一点目です。とかく批判を呼び起こす権利自由であるので、権力側はこれを抑えたがるのだ、ということです。

　続いて理由の二点目。表現の内容というものには解釈の余地があります。そのように解釈の余地があるものを規制しようとする場合、規制すべき表現をもれなく拾って法文化することは結構難しい。そこで、規制の仕方として、どうしても幅広く網をかけようとしてしまいます。いわゆる"過度に広範な規制"をしてしまうわけですね。あるいは、融通の利く文言で規制しようとしてしまう。つまり漠然不明確な文言で規制をしようとしてしまうわけです。表現行為というものは、そういう規制を呼びやすいものなんです。表現の自由が不当な制限を受けやすいという意味の二点目はこういうことです。

　以上の私の理解は、浦部法穂先生の見解の受け売りであり、私のオリジナルな点は全くありません。私は司法試験の受験勉強を浦部先生の『憲法学教室Ⅰ』という本でしまして、三つ子の魂百までという諺通り、その教えが今もなおそのまま頭に張りついているわけです。

　さて、表現の自由に関する以上の理解を前提に、これから、損害賠償や回復処分、差止めの要件事実がどうあるべきかという話に進みます。要件事実についてこれから話を進めていく上で、表現の自由に関する以上の私の理解がきちんと反映されているかは甚だ心許ないところではありますが、そのあたりも含めて、批判的にお聞きいただければと思います。

第一　損害賠償請求（民法709条）

一　名誉毀損

1　請求原因

　レジュメの１頁（本書127頁）をご覧ください。名誉毀損の損害賠償請求の請求原因の話です。

　名誉毀損の請求原因は、名誉毀損に関する判例の見解をそのまま要件事実化するとこのレジュメの①から⑤のようになるのではないかと思います。その名誉毀損に関わる判例は、レジュメの１頁の後半（本書127頁下から４行目以下）に三つ挙げました。要は、社会的評価を低下させることが名誉毀損であると。また、名誉毀損は、事実の摘示のみならず意見論評によっても成立するのだと。これが判例理論ですね。その判例理論を前提として、請求原因を、このように①から⑤に整理しました。

　請求原因の①と②は、両方合わせて「Xの社会的評価を低下させる事実の摘示または論評」と表現することもできますけれども、私はこのように①と②に分けてみました。①は名誉毀損言論、②はその公表、と、言論と公表とを分けました。なぜそのように分けたかというと、言論行為とその公表行為は、行為類型としては別個だからです。例えば、前者には故意があって、後者には故意がなく過失しかないという場合もあります。例えば、自分のパソコンに誰かの悪口を書いただけの場合。自分はパソコンに悪口を書いただけなのだけれども、そのパソコンのセキュリティへの配慮が十分でないと、自分の知らない間にそのパソコンからインターネットを通じてその悪口が外に出てしまい、名誉毀損が発生するということがあるかもしれません。この場合、言論行為自体は故意ですけれども、その公表行為は過失になるわけでして、そのような名誉毀損行為も観念できるわけです。かくして①と②を分けてみた次第です。この①②に「社会的評価」の「低下」という文言が出てきますけれども、この文言は、皆さんご案内の通り評価的要件ですね。ですから、原告側がその社会的評価の低下を基礎付ける評価根拠事実を主張することになるでしょうし、被告は、社会的評価の低下の評価障害事実を主張することになります。

　例えば、雑誌Aが「原告Xに前科がある」という事実を摘示したとしましょう。前科の摘示の場合には、前科を摘示したということだけで、社会的評価の低下を基礎付ける評価根拠事実としては十分かもしれませんが、さらにいうならば、世の中の人々は、人の前科からその人について非道徳性や危険性を感じるものだと、そういう公知の事実があるんだと。そんなことを言って原告側は社会的評価の低下を主張するわけですね。それに対して被告は、その評価障害事実を主張します。例えば……まあ事案によるわけですけれども、「はいそう

です。確かに私は原告の前科を摘示しました。しかし、そこで摘示した前科は、罰金の前科です。」と。それで、「その罰金前科の中身を記事ではきちんと書いていて、原告が、基地建設反対運動をする過程で警察の弾圧によって摘発されて、それで罰金になってしまった。本件記事はそういう記事なんです。」と。「だから本件記事は原告の社会的評価は低下させません。」……というような話ですね。こういった形で、原告の社会的評価が低下されたのか否かという攻防が繰り広げられるわけです。

2　抗弁

㈠　真実性・真実相当性の法理

　レジュメの２頁（本書128頁）に進みます。「２　抗弁」をご覧ください。抗弁の話になりますが、「㈠　真実性・真実相当性の法理」。名誉毀損の抗弁には、昭和41年に出された著名な判例がありまして、いわゆる公共性、公益性、真実性・真実相当性があればＯＫだという判例です。その判例を要件事実として整理したものがレジュメの①から③です。①が事実の公共性、②が目的の公益性、③が摘示事実の真実性ないし真実相当性です。

　この抗弁のポイントはどこにあるかというと、真実相当性の部分、つまり③のｂの部分にあると私は思っています。

　この真実相当性の抗弁は、公共性・公益性のある言論ならば、真実性の立証ができなくても真実相当性がある限り、表現者は責任を負わなくてよいという法理です。言われたことが真実でなくても、名誉を毀損された側は我慢してください、と言っているわけですね。書かれた側からすると、「本当のことを言われたのならまだしも、嘘っぱちを書かれてなぜこっちが我慢しなければいけないんだ」と言いたくなるでしょう。これに対して、「公共性・公益性があるんですから、ちょっと表現の自由の方に譲ってもらって、名誉を毀損された人は我慢してください」としているのです。名誉を毀損された側に受忍を強いているわけですね。本当のことを書いたのではない場合でも、名誉権側に受忍を強いないと表現の自由の保障は全うできないんだ、というバランス感覚がこの真実性・真実相当性の法理に現われているわけです。

☆定義づけ衡量による名誉権と表現の自由の調整

　「☆定義づけ衡量による名誉権と表現の自由との調整」と書きましたけれど

も（本書129頁）、この真実性・真実相当性の法理は、違法な、あるいは有責な名誉毀損行為を予め定義して、その定義に当てはまれば名誉毀損の責任から解放する、という衡量の方法を取っているんですね。レジュメでは「定義づけ衡量」と書きましたが、渡辺先生から「類型的衡量」という表現が適切なのではないかというご示唆をいただきましたので、今日はこれから「類型的衡量」という言葉使いをいたしますけれども、この類型的衡量は、「類型」ですので、この類型に当てはまるものであれば違法ではなくしますよ、有責ではなくしますよと、そういう"箱"を、ちゃんと名前も書いて置いておいてくれているわけです。"箱"に「公共性」とか「公益性」とかいう名前が書いてあるわけですから、表現をする側からすると、表現をするに際して予測可能性が高いわけですね。どういうものがセーフで、どういうものがアウトなのかが分かりやすい。そういう意味で、違法有責なものが類型化されている類型的衡量は、表現の自由の保障に資すると言われております。

　☆真実性の立証対象を「重要な部分」のみに限定

　レジュメの２頁の二つ目の星（本書129頁）をご覧ください。「真実性の立証対象を『重要な部分』のみに限定」とありますが、これは、抗弁の③に関わる話で、平成９年９月９日の第三小法廷判決の判示を踏まえた話です。③の「真実」性の立証の対象は、重要な部分についてなされれば足りるということです。摘示された事実のすべてについて細大漏らさず真実性の立証をする必要がないということですね。真実性の立証を細大漏らさず要求すると、表現行為は萎縮してしまう。だから、真実性の立証の対象は、重要な部分についてだけなされればセーフとしますよ、それが平成９年判例の趣旨でして、抗弁③もそれを前提として整理しています。③のａのところですね。請求原因①の摘示事実が重要な部分について真実であること、つまり重要な部分について真実であれば足りるということです。

　①の公共性、②の公益性、これは評価的要件ですね。ですから、抗弁を主張する側、通常は被告ですが、被告が、①についていえば、公共の利害に関する事実に関わることを基礎付ける評価根拠事実を主張する。それに対して原告側が、その評価障害事実を主張立証するということになります。

　例えば、週刊誌が大企業の社長の不倫を報じたケースを考えましょう。その

場合、被告は抗弁を主張する側ですが、「原告は○○株式会社の社長である」、
「摘示された事実は、法律上不貞行為となる違法行為である」と。そんな感じ
のことを言うわけですね。「だから公共性があるでしょ」と。それに対して原
告側は、その評価障害事実を言うことになります。例えば、「その摘示された
事実は法律上不貞となるかもしれないけれども、それってプライベートな逸脱
行為でしょ」と。要するに、「だから企業のリーダーとしての資質には関係が
ない」と言うわけです。問題とされている行為は、婚姻外ではあるけれども、
対等な性関係であって、セクハラだとか、性犯罪ではない、プライベートな事
柄であると。だから、リーダーとしての評価には関係がないので公共性はない。
……そんな感じで、公共性に関する評価障害事実を原告の方は主張していくこ
とになるでしょう。

　(二)　公正な論評の法理

　レジュメの３頁（本書129頁）に移ります。「(二)　公正な論評の法理」。これは、
論評による名誉毀損の場合の抗弁でして、ここに①から④と整理しました。こ
れは、レジュメの３頁中ほど（本書129頁下から７行目）の平成９年９月９日の
判例を要件事実として整理したものです。判例を読みますと「ある事実を基礎
としての意見ないし論評の表明による名誉毀損にあっては、その行為が公共の
利害に関する事実に係り、かつ、その目的が専ら公益を図ることにあった場合
に、右意見ないし論評の前提としている事実が重要な部分について真実である
ことの証明があったときには、人身攻撃に及ぶなど意見ないし論評としての域
を逸脱したものでない限り、右行為は違法性を欠く」。「そして、仮に右意見な
いし論評の前提としている事実が真実であることの証明がないときにも、事実
を摘示しての名誉毀損における場合と対比すると、行為者において右事実を真
実と信ずるについて相当の理由があれば、その故意又は過失は否定されると解
するのが相当である。」ということで、論評の公共性・公益性、論評の前提事
実の真実性ないし真実相当性、そして意見論評としての域を逸脱していないと
いう要件を充たせばセーフにしますよという判例です。

　☆④の要件は必要か？

　レジュメの３頁の下のところ（本書130頁５行目）に、「④の要件は必要か？」
と書きました。

　レジュメの2頁（本書128頁）の「真実性・真実相当性の法理」、これは事実摘示の場合の免責法理ですが、これと、この「公正な論評の法理」を比べますと、どちらも、①は公共性、②は公益性、③は事実の真実性ないし真実相当性です。「真実性・真実相当性の法理」は、③までで終わっているのですけれども、「公正な論評の法理」の方は、④として、論評の域を逸脱していないこと、という要件が加わっています。これって要件が加重されているのではないだろうか？　それははたして妥当と言えるのだろうか？　というのが私の問題意識です。

　論評の域の逸脱の有無というのは、外縁がはっきりしないわけでして、逸脱の有無が裁判所の腹一つで決まってしまわないか、表現する立場からすると予測可能性が非常に低いのではないかという懸念がまずあります。

　また、事実摘示による名誉毀損と論評による名誉毀損とはそもそも截然と区別できるものなのか、ということも言いたい。例えば、作家Aが「Bは私の小説を盗作した」という趣旨のことをツイートしたという事案。盗作したと言われたBは、Aのツイートが名誉毀損であるとして訴えた。こういうケースで、「盗作した」という表現は事実摘示なのか論評なのか、という問題です。これは結局文脈によるのですけれども、事実摘示か論評かの違いは、紙一重なんですね。しかも、ここでいう「盗作」という表現が事実摘示だとされたとしても論評だとされたとしても、被告が立証しなければいけない事実は変わらないのです。どういうことかといいますと、「盗作した」という表現が事実摘示であるならば、「盗作した」ということが真実であることを基礎付ける間接事実を被告は立証しなくてはいけないわけですね。他方、「盗作した」という表現が論評だというのであれば、その論評の前提事実が真実であることを被告は立証しないといけない。これって結局同じことですよね。具体的には、Bの作品がAの作品と類似していることを基礎付ける事実、そして、Bが自分の作品を創作した時にすでにAの作品のことを知っていた、あるいは知る機会があった、というようなことを立証しないといけない。この立証の負担は、「盗作した」という言葉が事実摘示であろうと論評であろうと変わりがないわけです。

　このように、事実摘示と論評とは、そもそも紙一重の違いしかない場合があるわけですし、また、そのどちらであろうと被告が立証しなければいけない事

柄が変わらない場合もあるわけです。このように、ことごとく紙一重なのに、どうして論評による名誉毀損の場合にだけ④の要件が加わらなければいけないのか、それっておかしくないでしょうか？　というのが私の問題意識です。

　そう考えると、④の要件はもう、なしでよいのではないかと私は思います。そうすることによって事実摘示による名誉毀損の場合との均衡が図れると思います。

　しかし、そうはいっても最高裁が論評の域の逸脱の有無を判例として問題としている以上、私がここで「いらない」と叫んでも意味がないわけですね。

　とすれば、せめて、主張立証責任を転換して、主張立証責任を、表現者でない側、つまり書かれた側に転換するのはいかがでしょうか。すなわち、公正な論評の抗弁に対する再抗弁として、原告側が、意見論評としての域を逸脱して"いる"ことを主張立証すべきだ、ということです。我ながらリーズナブルなことを言っているなと思いますけれども、実は私は、立証責任を転換するだけでは気が済んでおりませんで、やっぱりこの要件はいらないと思うのです。

　ただ、名誉毀損の論評の中には、「いくらなんでもそれは言い過ぎだろう」というものもあり得ないではないわけでして、この"論評の域"の要件をなくすのであれば、そういう言い過ぎの場合の手当てを考えておかなければいけない。ではどうすればよいか？　この点は、民法1条3項の権利濫用の抗弁を考えればよいのではないか。公正な論評の法理に対する再抗弁ですから、権利濫用の"再抗弁"というのかもしれませんけれども、独立の抗弁として権利濫用の抗弁を考えればよいのではないかと私は思っております。つまり、論評による名誉毀損が問題とされた際に、表現者側が毎回毎回「これは逸脱していません」と言わなければならないのではなくて、逸脱している場合に、逸脱された側が「これは逸脱しています」と言えばよいのではないのかと思う、ということです。

　㈢　立証責任の転換

　レジュメ4頁（本書130頁）の「㈢　立証責任の転換」に移ります。

　ここまで、名誉権側に受忍を強いてまで表現の自由の保障を図る判例をずっと見てきました。昭和41年判例の、真実性がなくとも真実相当性をもってセーフにするということは、つまり、本当のことを言ったわけではないのに、嘘っ

ぱちを書いたのに、それでも書かれた側を我慢させる、ということですね。これが判例法理なんですね。これは表現の自由の保障に厚いと思われるかもしれませんけども、本当に表現の自由の保障に厚いのでしょうか？　というのがこれからの話です。

　表現者側が常に真実性・真実相当性を立証しなければいけないということは、表現者側にとってはかなりの負担です。まして、報道機関側には、取材源の秘匿という鉄の掟があって、取材源は絶対に守らなければいけない。報道は取材源の協力によって初めて成り立つものであり、取材源の秘匿は、報道機関にとっての生命線です。したがって報道機関は、真実性・真実相当性を立証する場合でも取材源を法廷で証言させるわけにはいかないし、「取材源は誰々さんです」と言うこともできない。報道機関は真実性・真実相当性の立証を、このようにもともとかなり手足を縛られながら行っているようなものなんです。報道機関は、真実性の立証に十分な資料をきちんと持っていても、実際に提訴された場合にそれを法廷での立証に使えるとは限らない。つまり報道機関が真実性・真実相当性の立証に失敗するという事態は、かなりの確率で存在するわけです。常に存在すると言ってもいいくらいです。これを名誉毀損された側から言えば、名誉を毀損された当の記事を甲１号証として提出すれば、あとは被告側、報道機関側が真実性・真実相当性の立証に失敗するのを待っていればよいということになります。名誉毀損訴訟はそれでよいのか、という話です。これでは表現の自由の保障として不十分なのではないか、ということです。

　こういう問題意識から、真実性・真実相当性の立証責任を原告側に転換すべきだという見解があります。

　そのような立証責任の転換を提示するものとして現実の悪意の法理が有名ですけれども、ここでは、喜田村洋一弁護士の見解を紹介します。レジュメの４頁（本書130頁）の「(1)　真実性・真実相当性の法理に関する喜田村説」というところです。

　喜田村弁護士は、公人と私人とで免責法理を区別しない日本の判例法理について、"保護のバランスを欠いている。公人に対する保護は厚いけれども、私人に対する保護が薄いのではないか。"という問題意識に立ち、公人と私人とで立証の負担に差をつける工夫をします。その工夫を、日本の判例法理を前提

として行うところにポイントがあります。

　喜田村説の基本的枠組みを話します。レジュメ2頁（本書128頁）の「㈠　真実性・真実相当性の法理」の要件事実の①②③をご覧ください。この①の公共性の要件の有無を、まず判断すべきである、と喜田村弁護士は提案します。したがって、被告は抗弁として①の主張立証責任を負う。逆にいうとそれだけでよい。②③の要件を被告が立証しなくてよいということです。それで、①を吟味して、①の公共性の要件が充たされなければ、抗弁は不成立になって被告の負けになり、それ以上の審理を進める必要はなくなります。他方、①の公共性の要件を充たす場合には、その原告は「公人」として扱われます。その場合、その「公人」とされた側、つまり原告の側が、②③の要件の不存在、つまり②公益目的性の不存在、③真実性及び真実相当性の不存在を主張立証しなければいけない、というのです。

　ただし喜田村弁護士の見解はもう少しひねりが加わっています。先ほど、①の公共性の要件について、充たすか否かを検討すると言いましたけども、公共性を充たす場合でも、つまり「公共の利害に関する事実」に当たる場合でも、一般の犯罪容疑者に関する犯罪報道の場合に、一般の犯罪容疑者を「公人」として扱うのは不当だと喜田村弁護士は言います。一般の犯罪容疑者に関する報道は、たとえ公共の利害の関する事実に当たってもそれは「私人」として扱うべきであって、「公人」として扱うべきではない、と言うのです。したがって、一般の犯罪容疑者に関する場合には、①の公共性の要件を充たす場合であっても②③の立証責任は転換されず、通常の真実性・真実相当性の法理の通り、①②③の要件すべてを被告側が立証しなければいけないことにする、つまり、今の判例法理のまま、ということにするのです。

　以上の説明を前提に、レジュメ4頁（本書130頁）に戻ってください。「㈢　立証責任の転換」として喜田村説を整理しました。「ア　抗弁」にある通り、被告は、事実の公共性（①）を主張するほか、原告が「公人」であること（②）、つまり原告が一般の犯罪容疑者などではないこと、というところまでは主張しなければいけない。そして、①・②の要件が充たされれば再抗弁として原告側が、公益性の不存在や、真実性・真実相当性の不存在を主張しなければならないということです。

☆「公人」概念を詰めていく必要性

　レジュメの４頁の中ほど（本書130頁下から５行目）に、「『公人』概念を詰めていく必要性」と書きました。この喜田村弁護士の見解は、名誉を毀損された側が「公人」であるか否かで主張立証責任の分配が変わってくるわけですから、この「公人」概念の中身が詰められていく必要があります。

　先ほど、「公人」性を欠く例として犯罪容疑者を挙げました。喜田村弁護士の著書でも犯罪容疑者が例に挙がっていたのですが、公共の利害に関する事実には当たるけれども、その言われた側が「公人」に当たらないという例は犯罪容疑者に限られないでしょう。まだ他にもあると思います。例えば、非正規労働者やホームレスの問題をあるライターがルポとして取り上げた。ところが、それが当事者の人の理解を得られずにホームレスの人から名誉毀損で訴えられた。「あんたの言っていることは立派だけど、俺のことについて書くことはないだろう。俺はそんなことは書かれたくなかったんだ。」っていうケースですね。こういう場合、非正規雇用問題や貧困問題は公共の利害に関する事実に当たるけれども、書かれたホームレスの人が「公人」であるとは言えないと思います。こういう場合も「私人」として扱うことになると思います。したがってこの例の場合も、主張立証責任の転換はなく、通常の真実性・真実相当性の法理の責任分配で被告側がすべて主張立証責任を負うことになるでしょう。

　喜田村説が実務で使われるようになるためには、このように、具体的にどういう人が「公人」であり、どういう人が「公人」でないのかが、今後の実務の中で詰められていく必要があります。「公人」か否かという区別は、抗弁の立証責任の分配以外の問題でも、例えば、社会的評価の低下の有無や程度、あるいは損害評価、はたまた損害の回復可能性……こういうところにも関わってくるでしょう。したがって、損害論だとか、社会的評価の低下の有無や程度を論ずる中で「公人」か否かという問題が議論されていくことを通して「公人」概念の中身が詰められていくことが期待できます。実務の中でそういった主張や裁判所の判断が重ねられていくことを通して「公人」概念の中身が詰められ、喜田村説がいつかどこかで抗弁・再抗弁として機能する日が来るかもしれない。私はそれを期待しています。

　それから、レジュメ４頁の下（本書130頁下から４行目）の「(2)　公正な論評

の法理につき喜田村説に照らして立証責任を転換した場合」という箇所は、公正の論評の法理について、喜田村説を前提に立証責任の転換をして整理してみたものです。

二　プライバシー侵害

1　請求原因

レジュメの５頁（本書131頁）に進みます。プライバシー侵害に基づく損害賠償請求の要件事実はどうなるか、という話です。

(一)　判例

判例の見解を前提にプライバシー侵害の請求原因をまとめてみたのがレジュメの①から⑤です（本書131頁）。判例の見解とは、「＊判例」の（ⅱ）の平成15年３月14日の第二小法廷判決です。この判決は、「プライバシーの侵害については、その事実を公表されない法的利益とこれを公表する理由とを比較衡量し、前者が後者に優越する場合に不法行為が成立する」としています。この判決の規範を、要件事実として⑤のところに表しています。

ところで①に「ＹによるＸのプライバシーを侵害する行為」と書きました。これでは何も言っていないに等しいほど大雑把ですが、何をもってプライバシー侵害と言うかについて判例の見解が軌を一にするところがないので、このような大雑把な書き方になりました。

例えば、極めて著名な「宴のあと」事件をレジュメの「＊判例」に「（ⅰ）」として引用しました（本書131頁）。この「宴のあと」事件判決を前提に①の中身を充填するならば、「公開された内容が（イ）私生活上の事実または私生活上の事実らしく受け取られるおそれのあることがらであること、（ロ）一般人の感受性を基準にして当該私人の立場に立つた場合公開を欲しないであろうと認められることがらであること、……（ハ）一般の人々に未だ知られていないことがらであることを必要とし、このような公開によつて当該私人が実際に不快、不安の念を覚えたことを必要とする」という内容が要件となります。ポイントとしては、私事性、一般人が公開を欲しないこと、非公知性、の三つが、①の中で要件として機能することになります。

例えば、「原告Ｘには婚外子がいる」という週刊誌の記事が出たとします。

この場合、原告には婚外子がいるという事実はそれだけで、私事性、および、一般人が公開を欲しないこと、の評価根拠事実としては十分だと思います。あとは、非公知性ですね。一般の人々に未だ知られていない事柄であること、の評価根拠事実が必要で、例えば、その事実を原告がこれまで誰にも公開していなければ、その事実をもって非公知性の要件を充たし、以上三点をもって①の要件を充たすことになるでしょう。

　先ほども述べましたが、平成15年の第二小法廷判決の規範は⑤に反映されています。①の情報を公表されない利益が、これを公表する理由よりも優越する、という要件です。平成15年判決は、公表されない利益が公表する理由に優越する場合に初めて不法行為が成立する、と言っているのですから、公表されない利益が公表する理由に優越することを基礎付ける評価根拠事実を原告が請求原因として言わなければいけないわけです。例えば、少年による殺人事件の実名報道があって、それがプライバシー侵害である、とその少年Xが訴えたケースを想定してください。この場合、公表されない利益が公表する理由に優越することを基礎付ける事実としては、「原告Xは、記事掲載当時、少年であった」ということが挙げられるでしょう。少年なのだから公表されない利益の方が優越するんだ、ということですね。他方、被告は、公表する理由の方が優越することを基礎付ける評価根拠事実を言わなければいけないわけで、例えば、「原告の犯した行為は残忍な殺人であって、社会の関心が高かった」というようなことを言ったりすることになるでしょう。

　☆⑤の要件は請求原因に必要か？

　レジュメ5頁の下（本書132頁7行目）に「☆⑤の要件は請求原因に必要か？」と書きました。

　名誉毀損の問題と対比してみたいのですが、名誉毀損の場合、社会的評価を低下させる事実が公表されればそれで名誉毀損が成立するわけでして、それを公表されない利益が公表する理由に優越するということまでを原告が主張立証しなくとも不法行為は成立するのですね。あとは、被告が抗弁を出すかどうかだけの問題です。他方、プライバシー侵害の場合、公表されない法的利益が公表する理由に優越することまでを原告が主張立証しなければ不法行為が成立しません。それって、原告側、書かれた側に要件が加重されているのではないの

か、と思うわけです。

　そもそも名誉とプライバシーとは、重なり合う部分があります。例えば、前科の摘示は、社会的評価を低下させもしますし、人は通常、前科の公表を欲しないわけでして、プライバシー侵害でもあります。ですから、前科の摘示を、名誉毀損だとして訴える場合もあるでしょうし、プライバシー侵害だとして訴える場合もあるでしょう。そして、名誉毀損と構成した場合には、公表されない利益が公表する理由に優越することを言う必要はなくて、プライバシー侵害と構成した場合にはそれを原告が言わなければいけない、ということになると、「それって立証責任の分配として適切なんだろうか？」という疑問が湧くわけです。同じ事実で、同じく原告は傷ついているのに、名誉毀損と構成するかプライバシー侵害と構成するかで主張立証責任の負担にそんなに差があってよいのか、と思うのです。

　私は、⑤の要件は請求原因として要求するべきではなくて、①ないし④のみをもってプライバシー侵害の不法行為は成立すると考えてよいのではないか、あとはすべて抗弁の問題として考えればよいのではないか、と思っております。つまり、名誉毀損の場合とパラレルに考えればよいのではないかと思っています。

　㈡　私見

　レジュメ5頁のさらに下（本書132頁8行目）に、「㈡　私見」として、プライバシー侵害に基づく損害賠償請求の請求原因についての私見をまとめました。判例の要求している⑤の要件を私見では挙げておりません。

　その他、①において、プライバシー侵害の要件として私事性や非公知性を要求しないところに私見のポイントがあるのですが、この点については時間の関係で説明を省略します。

　2　抗弁

　㈠　判例

　レジュメの6頁（本書132頁）に進みます。プライバシー侵害に基づく損害賠償請求の抗弁の話です。判例の見解を前提とすれば、請求原因⑤の裏返しとして、被告側が、公表されない利益よりも公表する理由が優越することを抗弁として主張することになるでしょう。

　☆プライバシー侵害の場合にも真実性・真実相当性の抗弁を認めるべきでは
　ないか？
　㈡　私見
　レジュメ6頁（本書132頁下から9行目）の「☆プライバシー侵害の場合にも
真実性・真実相当性の抗弁を認めるべきではないか？」という問題提起に進み
ます。
　「㈡　私見」で、こういう抗弁はいかがでしょうかという提案をしておりま
す。ここで挙げている①から③は、真実性・真実相当性の法理そのままです。
私は、プライバシー侵害の場合にも、表現の自由との衡量は真実性・真実相当
性の抗弁で行えばよいと思っております。
　理由は二つあります。まず、名誉毀損とプライバシー侵害は、先ほども前科
の例で申しましたように重なり合うところが多いわけでして、そのように重な
り合うところが多い名誉とプライバシーとで、抗弁を異にする必要性が見出し
にくいということです。
　理由の二つ目は、公表されない利益が公表する理由に優越するか否かという
衡量よりも、真実性・真実相当性の法理のような類型的衡量の方が不法行為の
成否についての予測可能性が高く、表現者側の表現が萎縮しにくい、つまり表
現の自由の保障に資するのではないか。また、そのように予測可能性が高い方
が判断者によって結論が異なる可能性も低くなるのではないか、つまり判断の
公平に資するのではないか、と思うわけです。
　もともと、プライバシーを侵害された側、原告側の立場に立ってみても、
"公表されない利益が公表する理由に優越するか否か"という衡量自体、公表
する理由の方が優越する場合もあることを想定しているわけでして、つまり、
"公共的事項であれば公表されてもしょうがないでしょう？"という価値判断
はこの衡量の中にもあるわけですね。つまり、公表されない利益よりも公表す
る理由が優越するか否かという衡量にしても真実性・真実相当性の法理にして
も、どちらの衡量手法を取っても、公共的事項であれば公表されても仕方がな
いという点では変わりはない。とすれば、衡量手法を真実性・真実相当性の法
理に一本化しても、それによってプライバシー権者側、原告側が特段不利にな
ることにもならないのではないか、と思う次第です。したがって、プライバシ

ー侵害の場合にも真実性・真実相当性の法理の抗弁を認めるべきだというのが私見です。

第二　回復処分（民法723条）

一　名誉毀損

1　請求原因

レジュメの7頁（本書133頁）に進みます。謝罪広告などの回復処分の話です。まず名誉毀損について検討します。

名誉毀損の場合の回復処分の請求原因として、ここで①から⑥を挙げました。これは概ね、レジュメ1頁（本書127頁）の損害賠償請求の請求原因に⑥を足したものです。⑥は、当該処分が名誉を回復するのに適当であること、という要件です。

☆回復処分の要件として強度の違法性等を要求することの当否

下級審の裁判例によっては、回復処分を必要とするか否か、回復処分を認めるか否かを判断するにあたって、その名誉毀損の違法性が高度である場合だとか、回復処分の必要性が高い場合であるとか、あるいは金銭賠償では損害を填補できない場合であるというような要件を挙げて、そういう要件を充たさない限り回復処分を認めないという判断をしている例があります。

しかし私は、いま挙げたような要件は不要であると考えております。なぜなら、民法723条にそのような要件は書かれていないからです。したがって、法律に書かれていないそれらの要件を付け加えるのはよろしくないと思っております。ここにある①ないし⑥の要件でよいはずであると思っています。

2　抗弁

㈠　真実性・真実相当性の法理

㈡　公正な論評の法理

抗弁にまいります。回復処分の場合の抗弁ですが、これは、名誉毀損が成立しなければ回復処分をする必要がないわけですから、したがって、真実性・真実相当性の法理や公正な論評の法理はここでも抗弁となります。

㈢　回復処分固有の抗弁

回復処分固有の抗弁もあります。

　固有の抗弁として、社会的評価の低下状態が口頭弁論終結時に存在していないこと、という抗弁が考えられるのではないかと思います。口頭弁論終結時に社会的評価の低下状態がもはや存在していないのならば、例えば、誤報をしてしまった後に速やかに訂正謝罪の広告が出されているならば、回復処分を認める必要がないことに異論はないでしょう。

　他方、口頭弁論終結時に社会的評価の低下状態が存在して"いる"こと、という要件を請求原因として挙げる見解があります。レジュメ（本書133頁下から1行目以下）に書きましたけれども、岡口基一判事の『要件事実マニュアル』では、「名誉毀損状態が口頭弁論終結時に現存していること」を請求原因として挙げています。

　しかし私は、現存していることを請求原因として挙げるのではなく、現存していないことを抗弁にするべきではないかと思っております。理由を述べます。名誉毀損行為があった後、誰も何もしなければ、社会的評価は低下していてそのまま低下状態が現存していることになりますよね。つまり、名誉毀損状態が現存していることを主張しようとすると、"名誉毀損の後、被告が何もしていない"ということを主張立証しなければならないわけで、これは不存在の証明つまり悪魔の証明なのではないのかと思うわけです。むしろ、名誉毀損によって生じた社会的評価の低下状態が回復したことを抗弁に回した方がよいのではないかと思うのです。普通、名誉毀損行為によって低下した社会的評価は、被告が訂正謝罪の広告を出したりすることによって回復するわけでして、つまり、被告の作為によって回復するということが類型的に考えられるわけですから、したがって、被告の主張立証に委ねた方が適切なのではないか。責任分配上妥当なのではないかと思う次第です。

　したがって、被告側が、社会的評価の低下状態が現存していないことを主張立証する。現存していないことを基礎付ける評価根拠事実としては、具体的には、記事掲載後速やかに訂正謝罪広告を出しましたよ、という事実が典型例でして、かかる事実を被告は主張立証すればよいと私は思っております。

　イメージでいうと、弁済の抗弁と同じですね。「売買代金は支払いました」と同じように、「誤報は訂正しました」ということを被告が抗弁で出せばよいと私は思っております。

二　プライバシー侵害

1　判例

レジュメの８頁（本書134頁）にまいります。プライバシー侵害の回復処分の要件事実です。

判例は回復処分を、名誉毀損の場合にしか認めておりません。レジュメに判例を挙げましたけども、昭和45年に第二小法廷が、「民法723条にいう名誉とは、人がその品性、徳行、名声、信用等の人格的価値について社会から受ける客観的な評価、すなわち社会的名誉を指すものであつて、人が自己自身の人格的価値について有する主観的な評価、すなわち名誉感情は含まないものと解するのが相当である。」と言って、名誉感情侵害の場合の回復処分を認めませんでした。

2　私見

しかし、プライバシー侵害の場合に、プライバシー権の享有主体が回復処分を望んでいるなら、それを拒む必要もないのではないかと思います。

レジュメの「２　私見」（本書134頁）をご覧ください。まず、虚偽の事実の摘示によるプライバシー侵害の場合は、虚偽の事実の摘示による名誉毀損の場合と区別する必要はなく、よって回復処分を認めるべきであると思います。この点については、虚偽の事実の摘示の場合にそもそもプライバシー侵害を認めるのか、という論点が前提としてあるのですけれども、例えば「宴のあと」事件判決は、「私生活上の事実または私生活上の事実らしく受け取られるおそれのあることがら」の場合にプライバシー侵害を認めるわけでして、つまり、事実でない場合でもプライバシー侵害を認めています。「宴のあと」事件判決は非常にメジャーな裁判例ですけれども、この判決の見解を前提とするなら、虚偽の事実の摘示によるプライバシー侵害という類型も観念できるわけでして、その場合には、名誉毀損の場合と何ら差等なく回復処分を認めるべきだと思っております。

レジュメには次に、真実の摘示によるプライバシー侵害の場合にも回復処分を認めるべきだと書いておりますが、この点についての説明は、時間の関係で省略します。

第三　差止め

一　名誉毀損

1　請求原因

㈠　判例

　続いてレジュメ 9 頁（本書135頁）の「差止め」です。名誉毀損の場合の差止めについては、「北方ジャーナル」事件に関する著名な判例があります。それを要件事実として整理したのがレジュメ 9 頁（本書135頁）の①ないし③です。

　☆②で表現者の主観的目的を問うことの当否

　☆③の回復困難性は保全の必要性の要件か、本案訴訟でも必要か？

　レジュメには続いて、「☆②で表現者の主観的目的を問うことの当否」「☆③の回復困難性は保全の必要性の要件か、本案訴訟でも必要か？」と書いてありますが、時間の関係上結論だけ申し上げます。まず前者については、②で表現者の主観的目的を問うべきではなく、よって、②ｂの目的の公益性は、差止めの要件としては勘案すべきではないと私は思っております。また後者については、③の損害の回復困難性の要件は、保全処分のみならず本案訴訟においても差止めの要件となるべきであると考えております。

　ところで、この「北方ジャーナル」事件に関する大法廷判決は、表現の対象が公務員または公職選挙の候補者である場合についての判例でして、それ以外の人の場合にどのような差止め要件をとるのかということは最高裁判例上明らかにされておりません。おそらく今後もそういったものは明らかにされないでしょう。そうであるからして、自分たちで規範を考えなければならない、あるいは事件ごとに衡量をしなければいけません。表現の対象が公務員や公職選挙の候補者でない場合に差止めの要件をどのようなものとするかについては、いろいろな考え方があろうかと思いますが、その点について私見を示したのがレジュメの10頁（本書136頁）です。

㈡　私見

　②と③に絞って話しましょう。

　まず②は、表現内容が公共の利害に関する事実に当たらないことの明白性、または、事実が真実でないことの明白性を要件としています。つまり、差止めの要件は非公共性ないし非真実性によって決すべきであり、公益目的の有無は

問うべきではない、というのが私見です。

　また③は、先ほど申し上げた通り、損害の回復困難性は本案訴訟でも要件と
なるべきであるので、この通り私見でも要件事実に盛り込んでおります。

　二　プライバシー侵害
　1　請求原因
　レジュメ11頁（本書136頁）に進みます。プライバシー侵害の場合の差止めの
請求原因です。
　㈠　判例
　最高裁は、プライバシー権に基づく差止めを、結論において是認するのみで、
名誉毀損に関する「北方ジャーナル」事件判決のように差止めの要件を明示す
ることはしていません。また、下級審裁判例も、プライバシー侵害の場合の差
止めの要件についてはいろいろな見解があり、統一性はありません。
　☆差止めの要件を名誉毀損の場合と違える必要はあるのか？
　㈡　私見
　そこで私見を述べます。「☆差止めの要件を名誉毀損の場合と違える必要は
あるのか？」と書きましたが、私は、プライバシー侵害の場合の差止めの要件
を、名誉毀損の場合と違える必要はない、同じでよい、と思っております。
　したがって、名誉毀損の場合の差止め要件の私見と同様のものをここにも書
いております。非公共性と非真実性を軸に要件を立てているということです。
以上です。

　伊藤滋　素晴らしいお話をありがとうございました。それでは４時20分とい
うことで、休憩を４時半までとりたいと思います。

　（休憩）

　伊藤滋　概ね４時半になりましたので予定表通り、これからはコメンテータ
ーの先生のお話でございます。渡辺先生、どうぞよろしくお願いいたします。

［コメント１］

渡辺康行　一橋大学の渡辺でございます。憲法を専攻しております。私はこれまで要件事実論と関わりがある研究をしてきたわけではありません。創価大学と最も近隣の法科大学院に勤務していることで、お声がけいただいたのだと思います。この講演会をきっかけとして多少勉強してみようと考えて、コメンテーターの役割を引き受けさせていただきました。

コメントの役割分担としましては、私が憲法の観点から、嘉多山先生が要件事実の観点から、私が研究者の観点から、嘉多山先生が実務家の観点から、ということだと承知しています。ご報告の先生方にはやや詳しめのコメントペーパーを事前に提出しておりますが、与えられている時間の範囲内に収まるように、適宜抜粋しながら読みたいと思います。

1　巽報告について

まず、巽報告に関してのコメントです。巽先生は、行政法学者という本籍から、訴訟法学と公法学の対話を目指してたくさんのご業績を公表されてきました。それらの中では憲法訴訟に関しても重要な示唆が与えられておりますが、ここでご紹介したいのは、憲法学において想定されている立法事実が、「複数の種類の事実を包含している」ということが指摘されている点です。具体的には、「違憲性要件を基礎づける具体的な評価根拠事実／障害事実のレベルに属する立法事実……と、違憲性要件の充足の有無を判断するための経験則のレベルに属する立法事実……とは、少なくとも区別されるべき」だとされます。そして、「評価根拠事実／障害事実としての立法事実については、原則として証明が必要であり、公知の事実についてのみ例外的に証明が不要となる」のに対して、「経験則としての立法事実については、……原則として証明の対象にならないが、専門的経験則については例外的に証明が必要となる」と論じられています。前者が事実問題で後者が法問題だ、ということになります。

立法事実に少なくとも二種が区別されうるという整理は、今日のご講演の前提となっているものであり、大変に貴重なご指摘だと思います。しかし、この整理に接しますと、二つの種類の立法事実は、本当にそれほど明確に区別でき

るのか、裁判所は実際に区別しているのか、という素朴な疑問が生じます。そして巽先生も、今日のご講演の前半部分、レジュメの5頁（本書107頁）では、「法問題と事実問題の相対化」について語り、「典型的な事実問題または法問題に妥当する規律のパッケージを二者択一的に妥当させるのが妥当ではないという問題意識」に共感されています。この二者択一ではないというご指摘と、先ほどご紹介した立法事実に二種類があるというご指摘の関係について、補足的にご説明いただければと思います。

　ご報告の後半部分では、ドイツ連邦憲法裁判所法における事案の解明についてご説明いただきました。すでに別稿でも、ドイツ連邦憲法裁判所は、「憲法問題に関する事実認定権限を、広汎な職権主義の下で積極的に行使している」ということが指摘されていました。そして日本の最高裁も、レジュメ6頁（本書108頁）ですけれども、実は「憲法問題の審理に際して、しばしば独自に、すなわち下級審段階で主張立証していないものであっても、事実認定を行っている」とのお話をいただきました。ここでお伺いしたいのは、単純なことなのですけれども、これらで言われる「事実」とは、先ほど部分的に紹介したご論稿の中で分析された「事実」のいずれに相当するのか、あるいはすべてを含むのか、ということです。

　これまでの立法事実に関する研究の中では、一方ではある法社会学者によって、立法事実について「いかに科学的証拠を訴訟過程に導入し、裁判官がどれだけ証拠の科学的妥当性を判断すべきかといった観点からの研究」が推奨されています（渡辺千原）。しかし他方では、「科学的・実証的根拠を示さないという点に、立法事実変遷論の強みがある」、と説かれることもあります（坂田隆介）。この争点について巽先生はいかがお考えか、ということを伺いたいと思います。

　これと関連すると思いますが、巽先生のご研究に対しては、「精緻な事実認定論を練り上げていく」ことよりも、「ある程度融通無碍に事実認定ができることで、積極的な違憲審査が可能となる」（山本龍彦）、「立法事実について厳密な立証を要求するとなると、憲法判断が非常に窮屈にな」る（泉徳治）、といった見解が示されています。このような懸念について、いかがお考えでしょうか。

2　御幸報告について

　次に御幸報告についてです。御幸先生は、今日の報告者の中で唯一の憲法学者ですので、私にとっては最もなじみやすく、コメントもしやすいお話として伺いました。巽報告とは共通する点と相違点があることが、大変に興味深いところです。

　ところで、御幸先生による先行するご論稿では、国籍法違憲判決を素材として、「『非嫡出子の出生数が1万4168人から2万1634人に増加した』という事実は、過去に確定した事実」であるのに対して、「どの程度までいけば『家族生活や親子関係をめぐる社会通念及び社会的状況の変化』ありと認定するかという問題はまさに評価の問題であり、法律の合理性に関する事実にはこのような評価の要素が含まれる」、と指摘されます。その上で、「法律の合理性に関する事実には（少なくとも）このような二つの要素が混在している」、とされます。そこで、巽論文による先ほど紹介した二つの立法事実の区別論が引照されています。これはどのようなご趣旨なのか、同じ見解として引用しているのか、そうではないのか、ということについて、お二人の見解の異同という観点から、ご説明いただければと存じます。

　今日のご報告では、レジュメ6頁（本書118頁）、「要件効果モデルではなく、目的手段モデルでの利益衡量という判断枠組みこそが基本権制約の合憲性判断枠組みにて採用されている」ため、レジュメ12頁（本書126頁）、「主張・反論ではなく要件事実論を踏まえて評価根拠事実・評価障害事実等の概念に置き換えることにどれだけの実益があるのか」、という疑問が出されています。このご主張は、巽報告と対照的であり、本日のメイン・テーマをなすものだと思います。

　それについてはこれから議論が深められることと思いますが、その前提となる整理に関して、若干のコメントをさせていただきたいと思います。ご報告の中では、レジュメ7頁（本書119頁）、違憲審査基準論と三段階審査論（特に正当化審査における比例原則論）が対比され、違憲審査基準論とは異なり三段階審査論は論証責任を考慮していない、と指摘されています。確かにドイツ法的思考では、実体法の解釈が重視される傾向があると思います。しかし、ドイツにおいても「論証責任ルール」論については、日本でも繰り返し紹介されている

ように、議論の蓄積があります。それを踏まえて、日本において「論証責任ルール」をどのように考えるかについては、明示的な議論は交わされていないのですけれども、潜在的な見解の違いがあるように思います。基本的には、制約される権利の重要性と制約の程度などを考慮して、個別的に「論証責任」を配分するという考え方がとられていると思いますけれども、アメリカ的発想を取り入れて、権限配分的な「論証責任ルール」を採用する見解もありうるだろうと思います。ドイツにおける「論証責任ルール」と御幸先生が理解されているそれとの間に差異がある可能性は否定できないのですが、レジュメで示されている違憲審査基準論と三段階審査論の対比の仕方は、割り切り過ぎているように思えてやや疑問を感じます。

　なお、日本の裁判例の中から、レジュメ9〜10頁（本書123頁）、醜状障害について男女で等級を分ける障害等級表の別異取り扱いについての合憲性が争われた事件において、合憲性の論証責任（判決文上は「立証責任」）が国に負わされていることが紹介されています。確かに京都地裁は論証責任を国に負わせていましたが、当該別異取り扱いについて、その策定理由に根拠がないとはいえない、と判断したものでした。この判決によって違憲とされたのは、別異取り扱いの程度の甚だしさでした。要求されている論証の程度は低いため、論証責任を国に負わせた唯一の裁判例として挙げるほど画期的なものだったのか、という気がします。

　立法事実の顕出手続について、当事者以外の第三者から法律の合理性に関する事実を顕出する手段として、①法務大臣権限法4条の活用と、②アミカスの創設が主張されることは、一般的だと思います。また日本版アミカスとして、知財高裁の iPhone 大合議事件の例が挙げられることも通例だと思います。しかし、この事件で意見募集されたのは、法的な論点でした。先行するご論考ではこれが立法事実の顕出手続として好意的に扱われているのはなぜかについて、ご教示いただければと思います。これに対して巽先生のご報告では、連邦憲法裁判所法27a条が、ドイツ版アミカスの規定と言われながらも、法問題の証拠調べとして機能していることが、肯定的に評価されていました。この点にも、事案の解明か、論証責任かという両報告者の微妙な問題関心の違いが現れているように感じました。

　ご報告の中では、憲法訴訟における裁判所の役割として、レジュメ11頁ぐら
い（本書124～125頁）ですけれども、①当該事件の解決か、②統一的な法宣言
かが対比され、論証責任を強調するかどうかはその点に関わるとされ、①の立
場が示唆されています。これに対し、先行するご論稿の中では立法事実の顕出
手続について、法律の合理性に関する事実は当該当事者が最もよく知っている
類のものではないといったことが書かれており、この論文では②の立場を重視
しているように見えます。つまり、論証責任の場面では①を、立法事実の顕出
手続については②の立場を重視している、と理解してよろしいのでしょうか。
仮にそうだとしてもそれは矛盾ではなく、二つのアプローチを場面に応じて採
り分けていこうという態度は、十分にありうると思います。ただし先行論文で
は、「どちらを理想とするかについて議論を深め、そのようなアプローチに沿
った改善策を検討していくことが必要」だ、つまり二者択一だ、とされている
こととは平仄が合わないのではないか、という気がします。この点についても
ご説明をお願いできればと思います。

3　佃報告について

　次に、佃報告についてです。佃先生のご報告は、実務家という立場から、多
くの判例を整理しつつ一定の観点から批判的に検討を加えられたものであり、
こうした姿勢には大変共感ができました。
　あえて三点コメントさせていただきます。第一は、レジュメ4頁（本書130
頁）で触れられている「公人」概念についてです。佃先生のご著書では、「日
本の判例法理は、『公人か私人か』というように当該言論の被害者、主体に焦
点を当てた議論はせず、あくまでも、適示事実が『公共の利害に関する事実』
にあたるかどうか」を審査しているため、「『公人か私人か』という議論は、我
が国においては、少なくとも法的にはあまり実益のある議論ではない」、とさ
れています。そしてその上で、「『公人か私人か』の区別は、その人の家族的身
分や社会的地位から一義的・静的に定まるものではなく、問題とされている事
項の内容のほか、当該事項に対する本人の関与の態様や程度によって変わらざ
るを得ない」、という趣旨を述べられています。このようなご指摘は説得的だ
と思います。ただし、先生も「公人」概念が、「"被害者の属性は重要な判断

要素の一つである”という注意喚起には役立つ」ことは認められています。この点にも共感できるのですが、他方で、公人と一般人を区別することに対しては、「名誉を尊重する人々を政治の世界から排除する効果をも持つ」という著名な疑念（長谷部恭男）がありますので、この見解についてどのようにお考えかをお伺いしたいと思います。

　第二は、「公正な論評の法理」に関してです。レジュメ３頁（本書130頁）では、④要件は「必要か？」とあるのに対して、レジュメ４頁㈢(2)(ウ)（本書131頁）では、④要件は抗弁ではなく再抗弁に回す、という趣旨が書かれています。ご論旨はどちらでしょうか、と事前にご質問していたのですが、これに対しては先ほどのご講演の中で、お答えいただきました。それを受けて、さらに質問させていただきます。「新・ゴーマニズム宣言」事件に関する最高裁判決は、④要件について、ＸとＹ（漫画家）がいて、Ｘは著作の中でＹを厳しく批判しており、これに対する反論だということをＹの表現が「意見ないし論評としての域を逸脱していない」という判断をする一つの手がかりとしています。そのようにある表現の適法性を全体の文脈の中で判断することは必要だと思いますが、④要件を不要とする場合には、この事情をどこで考慮するのでしょうか。また④要件を再抗弁に回すというご提案との関係では、正当な反論だということは抗弁にふさわしいように思えますが、いかがお考えでしょうか。またご著書では、「論評によるプライバシー侵害」を認め、かつプライバシー侵害についても④要件による免責を承認されています。しかしどのような場合に、「論評によるプライバシー侵害」が生じるのか、ご著書での説明を読んでもまだよく理解できません。また、名誉毀損については④要件を再抗弁に回すのに対し、プラバシー侵害については抗弁に位置づけていることの理由についても、ご説明いただければと思います。

　第三は、「一般人の感受性」という基準に関してです。ご報告の中では、プライバシー侵害の判断に際して「一般人の感受性」が基準とされていました（レジュメ５頁、８頁、11頁（それぞれ本書132頁、134頁、137頁））。そしてご著書では、それが「事実認定の問題」だと捉えられています。しかし、はたして「一般人の感受性」は事実問題なのか、もしそうだとすればどのように事実認定するのか、多数によって決まるように定式化することが適切か、といった素

朴な疑問がございます。むしろ「一般人の感受性」は、そうあるべきだという規範的要素が含まれていると構成した方がよいように思われます。多数決主義にならないかという疑念に対しては、「表現の自由との調整の法理……における『公共』性の検討のところで適切に斟酌すればよい」、とお考えかと思います。しかし、そうなると、表現の自由との調整の場面に、それとは別の問題を組み込むことにはならないか、という懸念があります。

　このような疑問が生じますのは、ご報告の中では、「一般人の感受性」によって判断されるのが、プライバシーに対する侵害の有無だと考えられていることにも関わっているように思います。もし仮に「一般人の感受性」という概念を事実問題として使うのであれば、むしろプライバシー権によって保護されているか否かの判断に関してではないか、という気がします。「宴のあと」事件の東京地裁をはじめとするプライバシーに関する民事判例では、その保護領域と制約に関する審査を区別しておらず、また両者は相関的に考えるべきだという考え方にも正当性はありますので、どちらでもよいことかもしれませんが、先生のお考えを伺いたく存じます。

　以上です。

伊藤滋　素晴らしいお話をありがとうございました。それでは、嘉多山先生、続いてどうぞよろしくお願いいたします。

［コメント２］

嘉多山宗　嘉多山宗と申します。最初に簡単に自己紹介をいたしますと、1994年に弁護士登録をしましたので、佃弁護士より修習期は１年下になります。通常の民事事件を中心にいわゆるマチ弁をやってきましたので、弁護士として憲法訴訟を専門にしていたわけではないのですけれども、2004年から創価大学法科大学院の実務家教員をしており、その前半７年ぐらいは民法、民事訴訟法の演習を担当してきました。その後、後半は、憲法の演習科目を実務家教員として担当しておりまして、今日問題になっている憲法の問題と要件事実の問題というのは別々の科目で教えている分には良いのですけれども、これを整合的

に理解しようとするとよく分からないということが実際にありまして、前々からいろいろ疑問を感じることがありました。

　他方で、2010年からは一橋大学法学研究科の博士後期課程で憲法の研究をさせていただくようになり、そういう立場で憲法の研究をしておりますと、今度は要件事実論との関係について、実務家の観点から憲法訴訟論、立法事実論、こういったものを批判すると、自分で自分の首を絞めるようなところがありまして、今日の議論も大変に興味深く伺っておりました。今日は要件事実論的な思考に慣れ親しんだ一実務家の立場からコメントをさせていただきたいと思います。

1　巽報告について

(1)　事実審と上告審——立法事実の認定に関する裁判官の述懐から

　まず、巽先生のご報告に対するコメントになりますけれども、最初に申し上げたいのが、事実審と上告審の区別を踏まえてどう考えるかという点についてです。巽先生にご紹介いただいたドイツの連邦憲法裁判所における事案の解明というのは、日本の最高裁における審理が非常に形骸化している現在、日本の上告審の審理のあり方を考える上で示唆に富むものだと思います。かつて、1959年の話になりますが、かの有名な砂川事件では、最高裁は、9月に6回の公判期日を行った上で判決を出しているわけでありまして、判決の内容の当否は別として、事件によっては、今では考えられないくらい充実した審理を少なくとも形の上では行っていたわけですけれども、現在ではそういったことは望むべくもないという状況だろうと思います。それで、アミカスの活用とか、そういうことも含めて、上告審の審理を活性化することが必要なのではないかということは、最高裁の内部でも問題意識を持っておられる方はいらっしゃるのではないかと予想をいたしますので、そういう意味でも興味深く伺いました。他方で、おそらく佃先生も共感していただけるのではないかと思うのですけれども、訴訟代理人の立場からしますと、上告理由書、上告受理申立理由書の提出期限までの50日の間にアメリカで言われる法社会学的な観点からの資料を含んだ充実したブランダイス・ブリーフのようなものを出せと言われても、それは到底困難というか無理なのでありまして、やはり、事実審における審理とい

うものをどのぐらい充実させられるのかということが、日本の憲法訴訟活性化という観点では重要だろうと思います。

　その観点で今年お二人の元裁判官が振り返っておられる回顧というか述懐が興味深いと思ったのです。一つは、福田剛久元高松高裁長官が、ご自身が、東京地裁の第一審の裁判長を務められた ALS 選挙権訴訟について述べられているものです。この ALS 選挙権訴訟というのは、違憲審査基準としては、先ほど御幸先生が原則例外ということでご紹介された在外選挙権訴訟に先行する形で、「やむを得ない事由」という基準を立てた判決になるわけです。この事件のことについて福田さんは、第一審のご自分の審理について、これはまさに困難な憲法判断を迫るものであったけれども、基本的に、どんな訴訟であろうと、双方当事者の主張に沿って、どのような手持ち証拠があるのか、さらにどんな証拠が必要なのか、それを入手するにはどうすればよいのかを議論しながら、適宜証拠を追加して、必要があれば送付嘱託、調査嘱託等を行って、争点を整理して、集中証拠調べをして事実を認定するということは同じだというふうに言っておられるわけで、この辺は事実審の裁判官のおそらく共通した感覚なのではないかというふうに思います。

　他方で、もう一人、泉德治裁判官は、これも最近座談会の中で発言されているものですが、国籍法違憲判決について、先ほど渡辺先生もご紹介された部分ですけれども、最高裁の立場で、法律解釈の一環だから、立法事実の認定も非常に自由にやらせてもらっていると。自由にやらせてもらわないと、うまくいかない。手足を縛られてしまうと憲法判断が非常に窮屈になるということをおっしゃっておられるわけです。

　両者は非常にニュアンスが異なるのですけれども、他方でこれは整合的に理解することも可能なのだろうと思います。かつて時国康夫判事が、立法事実論の勃興期、初期の頃に言われていることですけれども、事実審で、憲法判断に必要なすべての立法事実が顕出されていることが理想だと。それが十分なされないという形になると、連邦最高裁も、法律の憲法適合性の判断というようなことを、不十分な立法事実しかない状況の中でやらなくてはいけないということになるということを指摘されております。

　やはり事実審、とりわけ第一審における審理をどのように充実していくのか、

その中で立法事実の顕出とその証明、事案の解明をどのようにやっていくのか
という検討が必要で、それを、単に裁判所の職権というか、裁量で決めるとい
うことではない形に何とかできないかと思います。多くの弁護士がもっと立証
したいということでも、裁判官から強引に口頭弁論終結という形で終わってし
まうというようなこともよくあることなのでありまして、ここのところの当事
者と裁判所の役割分担をどう考えるかというのは一つの課題だと思っておりま
す。この点について、巽先生のご紹介というのは、日本の上告審の審理との関
係では非常に示唆に富むと思いますけれども、日本の事実審の審理にどういう
ふうに反映させていけばいいのかという点についてぜひお考えを伺いたいと思
います。

(2)　「訴訟物」と「憲法適合性判断の対象」との関係について

　次に、少し理論的な話になりますけれども、「訴訟物」と「憲法適合性判断
の対象」との関係についてです。最近の最高裁判決の中には、在外国民選挙権
訴訟や再婚禁止期間事件のように、法律の憲法適合性判断をまず独立して判断
して、その後に、確認の訴えや国賠請求の当否について判断するというスタイ
ルを採るものが見られます。これが確立したスタイルなのかどうかは評価の分
かれるところであろうと思いますけれども、少なくとも裁判官の判断の構造と
していうと、法令審査の場合の判断対象は、まさに憲法適合性という形で独立
して行うという形になっているのではないかという気もいたします。その方が、
私の不勉強な理解では、ドイツの議論とは整合性があるということになるので
はないかと思います。それで、今日ご紹介いただいた「請求の特定？」や「違
憲性の主張責任？」のところ（本書108頁）とも関わることになりますけれども、
この点について、どのように日本の最高裁の判例をお読みになっておられるか、
ご紹介いただきたいと思います。

　要件事実論の観点からすると、憲法適合性判断を独立して考えるということ
であったとしても、なお、そこでの判断については、要件事実論は有用である
と考えています。

(3)　「法問題と事実問題」について

　それから、「法問題と事実問題」についての話です。私の理解では、当事者
に任せておくべき性質のことなのか、それともそうでないのかというところが

重要で、その点が、法問題と事実問題とを分けるのだろうと思います。先ほど
から話が出ている立法事実についても、多様なものがありますけれども、その
中で、それをどのように顕出していくのかということが問題になるということ
だと思います。立法事実の中にも、弁論主義が妥当し、当事者が主張立証責任
を負う場合はありうるのではないかと考えています。例えば、先ほどご紹介し
た ALS 訴訟において、「原告らは、仮に、投票を行うために外出すれば、生命
に危険が生じる可能性があった。」ということが認定されているわけですけれ
ども、こういったことについては弁論主義が妥当する立法事実だと考えた方が
審理が充実するし、むしろその方が良いのではないかと思っておりまして、そ
ういう観点から、この法問題と事実問題の相対化で論じられていることは非常
に示唆に富むと思います。

(4) 「法問題の立証責任？」について（立法事実の立証責任）

それから、「法問題の立証責任？」についてですけれども、いわゆる立法事
実の立証責任という問題について、御幸先生についてのコメントとも重なりま
すので、少し申し上げておきたいと思います。憲法適合性判断に必要な事実、
これが職権探知の妥当する立法事実であったとしても、その存否が明確でない
限り、立証責任の考え方は必要になるはずだと思います。問題は、そういう憲
法適合性を判断するためにどうしても必要な本質的な事実というものが何なの
かということです。立証を要する事実は何か、その負担者をどのように決定す
るのか、その基準をどのように考えるかという点が要件事実論の観点からする
と重要な問いだということになろうかと思います。この点について、巽先生が、
「論証責任」あるいは「合憲性の推定」という従来議論されている概念を整理
しようとされていることは大変に興味深いわけです。

その観点からすると、御幸先生のご報告を巽先生はどのように受け止められ
ているのかという点についてぜひご見解を伺いたいと思います。

2　御幸報告について

(1)　事実審と上告審

次に御幸先生の報告についてのコメントですけれども、御幸先生のご報告も、
アメリカの連邦最高裁判所、やはり法律審を念頭に置いた形でのご紹介になっ

ているのではないかという気がしておりまして、その点をどのように理解すれ
ばよいかという点についてコメントをいただければと思います。

(2) 憲法適合性判断に必要な事実

それから、先ほどからの繰り返しになりますけれども、憲法適合性判断にど
うしても必要な事実というのはやはりあって、その中には証明の必要のないも
のもあると思いますけれども、やはり証明が必要な事実というのはあるのでは
ないかと考えます。この証明が必要な事実というものをどのように考えるのか
ということが問題で、このあたりのところについて、御幸先生は事実認定につ
いての訴訟法の規律は適用されないと端的におっしゃっておられるわけですけ
れども、そのように截然と分けることはできないのではないかと思います。

ここは、巽先生が言われている相対化という点も含めて、どのように考えて
おられるかということをもう少し伺いたいと思います。

(3) 「結語」について

それから、御幸報告の最後の結論の部分で、繰り返しのような形になります
けれども、御幸先生の言われる「論証責任」の問題についてです。御幸先生が
言われていること自体は理解するのですけれども、そうすると、憲法訴訟論は、
立証責任の問題についてはどう考えておられるんですかと伺いたくなる、とい
うことになります。先ほど、野球とクリケットという話が出たわけですけれど
も、憲法判断はクリケットで、全然ルールが違うんだというふうな話になると、
これはなかなか困るわけで、頭では野球をやっているつもりであるということ
で、連続したものとして考えているんだと思います。ここで証明が必要な事実
については証明が必要で、証明がどうしてもできない、真偽が不明だというと
きには立証責任をどう考えるかという問題はやはり残るのではないかと。その
点をどのようにお考えになっておられるのかという点は確認をさせていただき
たいと思っております。

3　佃報告について

最後に、佃先生のご報告についてですけれども、佃先生がかなり口頭で補足
してくださったので、細かい質問は割愛し、質問というよりコメントになるの
ですが、佃先生がご説明されているような話というのは、実は先ほどから巽先

生や御幸先生がご報告されている法令審査の話とそれほど違わないのではない
かということを少し申し上げたいと思います。不法行為に基づく損害賠償請求
権とか人格権に基づく差止請求権というものも、実体法の要件は非常に抽象的
なものでしかないわけです。それを、判例理論なども含めて要件を立てている
わけですけれども、それもやはり抽象的なものということになります。

　それで、翻って考えると、例えば名誉回復処分としての謝罪広告の違憲性の
問題があるわけですけれども、あれなどは考えようによっては民法723条を合
憲限定解釈していると読むことができるということになりますし、差止めに関
する北方ジャーナルの判旨というのは、実体法上、明文があるわけではないで
すけれども、人格権に基づく差止請求権について一種の憲法適合的解釈をして
要件を立てていると理解することもできるわけです。実はここで行われている
要件事実の考え方というのは、それほど違いがある話ではないという気もする
わけでありまして、実務家の立場からすると、この不法行為、名誉毀損および
プライバシー侵害において行われているような議論と、法令審査について行わ
れている議論はそう簡単に分けられる話ではない、連続性のある話であるとい
うようなことも考えなくてはいけないのではないかという印象を抱いておりま
す。

　コメントについては以上になります。

　伊藤滋　素晴らしいお話をありがとうございました。

　それでは、若干お時間が押してはおりますがだいたい予定通り進んでおりま
す。これで進行予定表をご覧いただきますと分かるように、質疑応答というふ
うになっておりますけれども、講演をされた先生方のレジュメないしは口頭の
お話について、いまコメンテーターの先生方からコメントがありましたので、
講演をされた先生方から、学会などで言ういわゆるリプライと、返答というこ
とをなされたいのではないか、あるいはしていただく必要があるのではないか、
そういうふうに思います。その時間をちょっと取りたいと思います。

　その後、聴講者の先生方のご質問を受けたいと思います。リプライされる順
序は特に基準はありませんのでご講演をしていただいた巽先生、御幸先生、佃
先生という順序でしていただいたらいかがでしょうか。どうぞよろしくお願い

いたします。

　巽　どうもありがとうございます。非常に多くの点にわたっておりますので、私からは一言二言ずつお答えさせていただくことにせざるを得ません。順番に申しますと、渡辺先生が最初に、私がかつて論文で経験則的な立法事実と純粋事実的な立法事実というのがあって、それを区別すべきだろうと主張しているところをお捉えになって、その二つの種類の立法事実というのは本当に区別できるのかということをおっしゃっていただきました。この点に関して申しますと、私はかなりの程度までは区別できるだろうと思っております。例えば薬事法判決でいいますと、薬局が乱立しています、薬が乱売されています、健康被害が発生されています、というポイントポイントの部分は、事実として捕まえることは可能だと思います。逆に、薬局が乱立していると薬の乱売が起こってしまいますとか、薬が乱売されると健康被害が起こりやすくなりますとか、その事実をつなぐ間の因果経過というものは、経験則的なものとしてくくり出せるだろうと思っております。こういうふうに腑分けをしていけばある程度までは私は区別できるだろうという立場でおります。ただ、経験則という概念が、これは憲法というよりは訴訟法の問題ですけれど、事実でも法でもない何かその他のものというような形で使われることも多いような印象を持っておりまして、そういう残余概念的なものとして経験則というものを観念すると、そこに雑多なものが入ってしまって、結局立法事実というものはすべてそこに吸収されてしまうことになりかねないとも思っております。これはむしろ訴訟法理論としての経験則論一般をもう少し精緻化する必要があるということなのだと思っております。裁判所がこれらを区別していないのではないかというのは私もそうだと思いまして、ここはむしろ私は区別してやるべきだという立場を申し上げたということになります。

　このように、私は経験則的な事実と、純粋事実的な事実とを分けるという主張をしているわけなのですけれども、それが今日の法問題と事実問題の相対化という話とどう関わるのかというのが二つ目の質問だったと思います。私の基本的な立場としましては、現状の民事訴訟実務が経験則と事実、さらに法問題というのをそれぞれ区別していまして、基本的にそれらのカテゴリーごとにそ

れぞれの法的規律を用意しているという現状にありますため、公法学と訴訟法学の議論を接続するためには、まずその民事訴訟のパッケージに乗っかってみることが必要だろうと考えています。しかしながら、本日申し上げたように、とりわけ憲法訴訟に関しては典型的なパッケージがすでに妥当していない部分がありますので、一旦民事訴訟に則って説明をしてみた上で、うまく接続できないところは訴訟法理論の方も変えていかないといけないのだろうと思います。そういった基本的なスタンスで私は研究しているということをお答えとさせていただきます。

　渡辺先生にはもう一つおっしゃっていただいていて、日本の裁判所が職権で認定している事実というのは経験則的なものも純粋事実的なものもあるのですが、いずれにせよ、裁判所による立法事実の認定に関してはもっと科学的統計的な立証をしっかりした方がいいという方向性が一方であり、他方で、むしろそうしないことに意味があるのだという批判があり、巽はどちらに属するんだという趣旨の質問だったと思います。私はその点に関しては立場を決めかねております。基本的には手続保障の問題から議論を立てましたので、事実認定から解放されて自由に認定するんだという後者の立場に全面的に与しますと、私の報告で申し上げた通り、当事者に何も開示されないまま最後に結論だけ出てしまって、これはいけないだろうと思います。しかしながら、前者のようにすべて科学的な立証に委ねるべきだと言われると、それはどうかなというところもありまして、私が報告で申しました通り、基本的に日本は証拠調べの費用は訴訟費用として敗訴当事者に負担させますので、そうすると、お金を出せば出すほど客観的な認定に近づくことができるのですけれど、敗訴当事者の金銭的負担においてそれをやるのが本当にいいんだろうかというところもあります。費用の点を別にしても、それをやるのだったら、アミカスキュリエのようなそれに適した制度を設けないといけないだろうというところもあります。結局、私はこの二つの見解のどちらに属するのかと言われると、少なくとも当事者の手続保障という観点から見ると、どちらにも属さないという答えにならざるを得ないかと思います。ただ憲法理論として、制度設計としてどうかという点に関しては、引き続き考えたいと思っております。

　そして、嘉多山先生からのご質問ですが、まず、私が今日法律審を念頭に置

いている点について、事実審の審理はどうなのかという点に関しては、私も日本においては、事実審のレベルでもっと積極的に立法事実を顕出して違憲審査権を行使した方がよいだろうと考えております。これもまずは手続保障の観点に関わっていて、法律審の段階でいきなりそういうことをやってももう遅いということでして、事実審の段階から充実した審理というものをやることが必要だと思います。手続保障を離れていうと、最高裁が法の統一の機能を持っているとはいっても、下級審の段階で様々な裁判例があり、それぞれが戦った上で最高裁による統一がないと、結局法は発展しないだろうという思いもありまして、下級審にもっと期待すべきというコメントには全面的に賛成いたします。ただ、泉先生の印象的な言葉を引用されましたが、事実認定の問題に立法事実論を下ろしすぎると窮屈だと。これは冒頭に紹介した『憲法訴訟の十字路』という本の座談会で、泉先生がそういうことをおっしゃっていたのですけれども、ここで私の立場を補足させていただきますと、私は立法事実のすべてを弁論主義等の事実問題のパッケージでやるべきということを言っているわけではありません。既存の民事訴訟理論で弁論主義が妥当するのは主要事実だけで、間接事実等に関してはもともと厳格な主張立証のプロセスはいらないわけです。私が申し上げていることで窮屈さが出てくるのは、主要事実として立法事実が位置づけられる場面か、せいぜいいわゆる重要な間接事実に属する立法事実くらいということになろうかと思います。そうした立法事実があるのか、あるとしてそれは何なのかは、要件事実の設定次第ですが、そうした事実の認定まで自由にしてしまうのは手続保障の観点からどうなのかというのが私の主張でありまして、立法事実の認定すべてに事実認定の網をかけるわけではないが、大事なところはやっぱり対審的な機能を持たせた方がよいということです。泉先生も、その座談会の中で、当事者にとって不意打ちになるような立法事実の認定はダメだとおっしゃっていますので、そうすると私と立場はあんまり変わらないのではないかなと思ったりしております。

　次に、訴訟物との関係ですね。これは今後いろいろ考えたいと思いますので、一言感想だけ申し上げると、林屋礼二先生という民事訴訟法の先生が、『憲法訴訟の手続理論』という本をお書きになっているのですが、そこでは、個別の事件単位の訴訟物と、法令の違憲性とが、二重に審判の対象になるということ

をおっしゃっていて、嘉多山先生のご見解は林屋先生のご見解に近いだろうという印象を持ちました。私としては、違憲の争点を訴訟物レベルにいわば格上げすることにしますと、むしろ窮屈になる部分もあるかと思うところがあります。というのも、訴訟物レベルは処分権主義の領域に入ってしまいますので、途中で違憲の争点が本当はこっちだったのかなというふうに変えたくなった時に、主張の変更ではなく訴訟物の変更になります。そうすると、おそらく当事者にとっての制約が大きくなってしまいますので、これは両面、メリット、デメリットあるかなというのが直観です。あとは、既判力の範囲とか、考え出すときりがないのですが、この点は私も研究していきたいと思っております。

　最後に、御幸先生のご見解に対してどう考えるのかというところだけお答えさせていただきますと、おそらく御幸先生と私との間では本当のところはそんなに大きな対立はなくて、おそらく念頭に置いている論証責任とか立法事実というものの捉え方が違うということなのかなと思っております。例えば、論証責任ということに関していいますと、御幸先生のご報告の中で論証責任の配分というものは憲法の解釈として定まるのであるとおっしゃっていますが、私はそこは同感でして、お互いの立場に差はないと思います。他方で、立証責任の配分という、民事訴訟で普段やっていることが、そういう憲法の解釈で決まる論証責任とは異なるというお立場をお取りだと思うのですけれども、そこに関して補足をしますと、おそらく通常の民事訴訟理論の考え方でも、要件事実というのは適用される法規範の解釈で決まるわけです。要するに、当該事案における当事者と証拠との距離ですとか、そういったものは立証責任論の中には組み入れないというのが、民事訴訟法理論の基本的な考え方だと思います。そうすると、憲法訴訟においても結局は、憲法の解釈として、要件事実やその論証責任が決まっていく。民事訴訟においても適用される法規範の解釈として要件事実とその立証責任が決まっていく。そうすると、要件事実論と呼ぶかどうかはさておき、訴訟の場でやっていることは同じなのではないかなというのが私の直感でございます。

　あとは、要件効果モデルと目的手段モデルというのを対比させるのが御幸先生のご報告の中に出てきます。それ自体私もドイツでよく見聞きして、行政裁量も、要件効果モデルが目的手段モデルに変わってきているんだということを、

ドイツ人もよく言うのです。ちょっとだけ論争的なことを申し上げると、私はそもそもこの要件効果モデルと目的手段モデルというものの対比がいまいち飲み込めていないところがございまして、例えば、御幸先生が挙げられた目的手段モデルの「目的が重要である」という基準は、見方によっては、重要な目的であれば法令は合憲であるとか、重要な目的でないとなれば法令は違憲であるという形で、いわば要件効果の命題に置き換えることは論理的には可能だと思いますし、そうしないと、裁判所の審理というのは成り立たないのではないかということが気になっております。そうすると、要件効果モデルと目的手段モデルというのは、裁判所の審理を左右する対立ではなくて、何か他の憲法理論上の含意を有する対立ということになるのではないかなというのが直感でございます。ほかにもいろいろ申し上げたい点はありますが、さしあたり以上とさせていただきます。

　伊藤滋　どうもありがとうございました。それではご講演の順序ということで御幸先生にお願いいたします。

　御幸　それでは、私の方からお答えさせていただきます。ただ、時間の関係もありますので、どうしても少し簡潔にということにはならざるを得ませんところ、お含みおきください。また、コメントをいただいたのが少し前なのですが、コメントをいただいて自分が分かっていないことが分かったというのが正直なところでございまして、甚だ報告者としてお恥ずかしい限りではございますが、少なくとも現在コメントをいただきましたことについてどう考えるのかという点をお答え申し上げます。
　まず、渡辺先生のご指摘部分につきまして、まず、立法事実につきましては、私は数字で具体的に出てくるもの、例えば非嫡出子の出生数が何人に増加したとかいう部分と、それによって家族生活や親子関係をめぐる社会通念が変化したという評価が関わるもの、立法事実には純粋な事実と評価が入っているものの二つあるのだというふうに書いているところ、これをどのような趣旨ですかというようなご質問をいただいたところです。これは単純にアメリカではどちらも「立法事実」としてこのような事実が使われている、定義的にも数字その

もので表される事実と規範的評価を経た事実のどちらも「立法事実」として記述されているということを書いております。ただ、重要なのは、社会通念が変化したとか立法事実が変遷したというようなときに、基本的には統計などの客観的な裏付けが必要だというのが私のここでの趣旨でございまして、すなわち、例えば、有害図書が青少年の非行などの害悪を生ずる相当の蓋然性があるかどうかを検討するとき、やはり何かそれを裏付ける事実を前提にしないと言えないのではないかと、単純にそのようなところでございます。

　私と巽先生との見解の違いといいますのはまさに巽先生がおっしゃってくださった通りなのですが、立法事実の認定というところでは、おそらく方法論は違うといっても、やはり現状には問題があるという認識は同じで、変えていかないといけないというところも同じだと思います。あとはそれを訴訟法的に変えていくのか憲法論としての従来の議論で変えていくのかと、そういったところに違いがあるのではないかと認識しております。

　渡辺先生のもう一つのご質問としましては、三段階審査論が論証責任ルールをあまり考えていないというのはちょっと私の理解に問題があると。これはまさしく私自身の三段階審査論の勉強不足というのが大きいということで、とても勉強になります。ただ、なぜこのように述べたかと申しますと、法学教室という雑誌上で憲法学者の土井真一先生と長谷部恭男先生の対談で、土井真一先生が「違憲審査基準論と三段階審査論は論証責任を重視するかどうかという点で異なる」とおっしゃられておりまして、その後に長谷部先生も「全くその通り」というご発言をされていました。ただ、単純にその権威におもねったというわけではなくて、土井真一先生や長谷部恭男先生、アメリカ憲法判例をもちろんよくご存知のお二人が違うというふうに感じるのはなぜかと考えたとき、やはりアメリカの裁判制度はアドバーサリー・システムといいまして、当事者対抗主義というのがかなり前提としてある。そうしますと、アドバーサリー・システム自体が画一的な概念ではないのですが、当事者が対抗することによって真実が明らかになるんだという理念というのはアメリカの裁判制度の根底にありまして、そうしますと、アメリカの連邦最高裁も憲法訴訟において論証責任を重視しているというのは、それはそうなのだろうと素朴に理解しておりました。ただ、ドイツでも論証責任のルールがちゃんと重視されているという点

は、まさに私は知らなかった点でございますので、私の勉強不足ということで、この点はご教示いただきありがとうございます。

　次に、裁判例レベルで論証責任が書かれている裁判例として醜状障害の裁判例があるけれども、これは別に大したことない裁判例ではないのかというご指摘でしたが、それはおっしゃる通りで、現時点で裁判例レベルまで広げまして、論証責任をもって合憲性を判断しているというのは所詮この一つの裁判例であると、私の調べたところそれくらいでございまして、そうしますと、ますます論証責任を重視しているとは裁判実務では言えないのではないか、というところでございます。

　続きまして、立法事実の顕出手続でございますが、日本版アミカスというのがございます。いわゆる訴訟上の合意をして、両当事者が書証として第三者の意見を提出する。その日本版アミカスが立法事実の顕出手続に使えるというふうに私は以前論文で書いたのですが、実際の日本版アミカスはFRAND宣言の効果という法的な論点についてのものでしたので、立法事実の顕出に使えないのではないか、使っていないのではないかというご指摘でした。まず前提として、立法事実の顕出手続としてよく挙げられます法務大臣権限法４条やアミカスにつきましても、それらが立法事実の顕出を使うために常に用いられているかというとそうではございません。現に法務大臣権限法４条が使われましたのは戦後２件しかないわけですが、そのうちの１件のNHK受信料大法廷判決の事件記録を確認しましたところ、法務大臣は別に立法事実を述べているわけではなく、解釈論に終始しておりました。また、アメリカのアミカスを見ておりましても、立法事実を顕出しているというアミカスはもちろんあるのですが、決してそれがすべてではなく、ひたすら解釈論に終始しているというのも特段珍しいものではないところでございます。そうしますと、何を申し上げたいかといいますと、法務大臣権限法４条やアミカスにつきましても、必ずそれが立法事実の顕出に使われるというものではございません。ですので、日本版アミカスというのは、今後、両当事者が訴訟上の合意をすることによって広く立法事実の顕出を行う手続として使う余地があると、そういう今後の可能性という意味で日本版アミカスを扱っております。

　渡辺先生の最後のご質問になりますが、これも私が以前論文で憲法訴訟にお

いて当事者主義というのを重視する立場というのはありうるのだという書き方をして、しかし本日の報告では、論証責任というのはあまり重視するべきではないというふうにも聞こえると。これは論理一貫していないのではないのかというご指摘です。私の個人的な見解からいたしますと、私見として定まっていない部分もあるのではございますが、憲法訴訟における裁判所の役割はあくまで当該事件の解決だとして論証責任を重視するというやり方も十分にありうると考えております。これは、なぜそのように考えるかと申しますと、アメリカでは、第三者のアミカスによって立法事実が認定されて、当事者の誰も主張していない立法事実が認定されてそのまま判決が出されるという状況が頻発しております。そのような事態を避けるためには、当事者の論証責任を重視するというのも選択肢としてはあると考えます。ただ、現在は、アミカスというのがおよそ存在しない状態で、しかも現在の最高裁の体制で論証責任を重視すると、違憲主張者である個人にかなり不利になることも予想されます。そうしますと、一部アミカスを導入して、すなわちアミカスの提出には両当事者の同意を必要として両当事者からの弾劾の機会を常に認める、そういった導入の仕方をすれば当事者主義的な論証責任を重視するようなやり方というのもできるのではないかと個人的には考えております。ただ、私の見解はともかく、憲法論としては、論証責任を考えないという立場、すなわち憲法論として最高裁は統一的な法宣言を重視するんだという立場も十分ありうると思います。そういう点で、要件事実論では主張立証責任は不可欠なものではございますが、憲法訴訟論では考え方によっては違いうるというところで、私の報告内容になりました。

　そして、次に嘉多山先生のご質問につきまして、私が上告審における憲法判断、アメリカの上告審における憲法判断を想定しているように思われるがどうか、というご質問につきましては、おっしゃる通りで、上告審における立法事実の顕出を中心に考えております。この点、下級審における立法事実の顕出はとても重要で、本来はそちらをより研究するべきではないかというところはもちろんございますので、それは今日からの課題として受け止めさせていただけたらと思います。

　続きまして、憲法適合性判断に必要な事実ということで、私は事実認定と法令の解釈は別ものである、そして法令の解釈につきましては訴訟法の規律を外

れるのだという、その点が巽先生とは違うところではございますが、この点は、非常に難しい問題で、法と事実というのはそもそも区別しにくいというところもよく言われるところではございます。ただ、現行法の建てつけとしましては、やはり事実認定と法令の解釈は、一応は区別されているというのがあるように思われます。例えば、裁判員法では事実認定は裁判員と裁判官の合議のところ、法令の解釈は裁判官だけが行うとされております。そうしましたところ、例えば尊属殺重罰規定事件のような事件が現代で起きたとして、要は裁判員制度が用いられる事件において法令審査を裁判員が絡まないとできないとすることは、私はその点にはまだ少し慎重でありたいと考えております。ただ、もちろん法令審査は法解釈であり、訴訟法上の規律が及ばないとしましても、野放しでよいというような議論を憲法学がこれまでしてきたわけではなく、憲法学上も何かしないといけないと考えられてきたわけです。立法論としてであれ、裁判所の運用を変えるという方法であれ、ということです。そしてまた、論証責任や論証の程度といった類似の概念が憲法論として語られてきました。その意味では、何をツールとして用いるかというのが私と巽先生の違いでもありますが、向いてる方向は同じであろうと感じるところでございます。

　そして、嘉多山先生の最後のご質問で、論証責任は立証責任と違うということがどこまで言えるのかという点でございますが、やはり論証責任についてはノンリケットというのはあり得ないのではないのかと考えられます。高橋和之先生の『体系憲法訴訟』の記述も踏まえますと、法令の解釈においてノンリケットはあり得なくて、最終的には裁判所が立法府の主張する立法事実を尊重するかしないかの問題になると考えられます。このように、立証責任と論証責任にはやはり違いはあるのではと考えておりますし、また、立証責任においてよく語られる立証の公平といった概念は論証責任ではおそらくないというように思われます。論証責任の分配の基準は、権利の重要性や裁判所が他の機関に敬譲する必要性があるかといったことで決められて、立証の容易さがどちらにあるからといって論証責任を分配するというのはおそらくあまり一般的ではないという印象を持っております。私からは以上でございます。

伊藤滋　どうもありがとうございました。それでは、佃先生、お願いいたし

ます。

　佃　渡辺先生からいただいたコメントについて、答えたいと思います。渡辺先生から、佃は、「一般人の感受性」という概念をプライバシー侵害の有無の問題として捉えているのではないか、しかし「一般人の感受性」という概念はプライバシー権によって保護されているか否かの判断のところで使うべきではないかというご指摘をいただきました。私の理解が十分ではないのかもしれませんがお答えしますと、プライバシーで保護されているものを流布・公開してしまうとプライバシー侵害になる、と私は理解しているので、プライバシーで保護されている領域というものと、"プライバシー侵害の有無"というときのプライバシーとは私の中では同じものでして、したがって、どちらの領域で議論しても「一般人の感受性」の位置づけは私の中では変わらないものになります。

　そして、その「一般人の感受性」に関して、それを佃は事実の問題として考えているようだけれどもそこには規範的な観点が入っているのではないか、あるいは規範的な観点を入れた方がよいのではないか、という問題意識をいただいたと思います。

　この点、私は、事実の問題だと思っております。つまり「一般人の感受性」という概念が登場する場面は、保護されるべきプライバシーの範囲をどの範囲までとするかという場面であり、これは事実の問題なのではないか、と思っている次第です。それが流布・公開された場合に違法となるかという点に関しては規範的な評価が入ってきますが、プライバシーの範囲はあくまでも事実の問題であって規範的評価を入れるべきではないと思っております。

　例えば、前科。今日は例といえば前科しか出しておりませんけれども、誰でも自分の前科は公開されたくないわけで、それは、私人だろうが公人だろうが同じだと思います。これはつまり事実の問題だということです。他方、その前科を公表するにあたって、市井の人の前科を公表することは違法だけども、公選の議員や総理大臣の前科を公表するのは、それは「議員や総理大臣なんだから我慢しろよ」となるのではないか。つまり、前科はプライバシーとして保護される範囲に入っているのだけれども、でも、議員や総理大臣の前科を公表す

ることは違法ではない。議員や総理大臣は我慢しなきゃいけない、という問題なのだと思います。これに対して、プライバシーで保護される領域に規範的な観点を入れるとなると、前科は、国会議員についてはプライバシーの範囲に入らないけども市井の人についてはプライバシーの範囲に入る、という話になってしまうのではないかと思われ、それは概念として分かりにくい。だからプライバシーとして保護される範囲は事実の問題として捉え、実際にそれが最終的に違法となるかどうかというところで規範的な観点が入ってくるものと私は理解しております。以上です。

　伊藤滋　どうもありがとうございました。この後、再リプライというのはございますでしょうか。よろしいでしょうか。そうしますと会場にいらっしゃる先生方からのご質問を受けるということになります。時間の関係がありますので、質問ご予定の先生方に手を挙げていただいて……。お二人ということでよろしいですか。それでは順番に、お名前、所属、どなたにお聞きになりたいかをお願いいたします。

　［質疑応答］

　伊藤建　富山県弁護士会の伊藤と申します。本日は貴重なお話、ありがとうございました。

　巽先生にご質問をさせていただきます。いわゆる憲法訴訟における「事実」をどのような構造で考えておられるのかということをお尋ねしたいと思っております。もしかしたら、今日の発表の内容から少し外れてしまうかもしれないのですけれども、私の認識を申しますと、法令審査の場合、立法府が何らかの事実に依拠して法律を作っていますから、「立法事実」というレベルがあると考えられます。そうすると、ひとまず、この「立法事実」の有無というところで、事実認定が生じてくるであろうと思っております。その中で、考慮すべき立法事実と、考慮すべきでない立法事実というのがおそらく出てくると思っているのですが、これが事実認定の中における判断枠組みの一つの役割なのではないかと考えております。その上で、認定した事実を法的に評価した上で、憲

法条項との関係で、どのようなハードルを越えなければならないかというものが「合憲性判断基準」であり、これも判断枠組みのもう一つの役割になっていると理解しているところであり、判断枠組みの適用を区別するための事実というものもあるように思います。

　その上で、私は、憲法判断の場合、合憲性判断の基準時は、口頭弁論終結時ではないと思っているのですね。具体的には、当該法令が適用された時点ということになるのかなと思っております。例えば、国籍法違憲判決（最大判平成20年6月4日民集62巻6号1367頁）であれば上告人が国籍取得届を提出した当時、非嫡出子相続分規定違憲決定（最大決平成25年9月4日民集67巻6号1320頁）であれば相続が開始した当時を基準として、最高裁判所は立法事実の認定をしているように見受けられます。このように、事実審理の中でも、時的因子が少し特殊になっているのではないかなと思っていたところでございます。

　さらにもう一つ、時の経過による事実の変遷論というのをどのように位置づけるのかということがここで問題になってくると思っております。通常の違憲審査では、立法当時における立法事実の存在ないしは不存在という形の攻撃防御方法になっているはずですが、事実の変遷論の場合、立法当時において存在した立法事実を法的に評価して、合憲性判断の基準時において、違憲対象の法令の合理性を支えていると評価できるのかという形で、いわば評価根拠事実ないし評価障害事実のように機能する面もあろうかと思います。

　少し雑駁な話になってしまったのですけれども、先生の話を聞いていると、わりと私のイメージにそれなりに近いのではないかと思っておりますが、最初の事実認定の部分はいわゆる事実の問題、そこから事実を法的に評価するという問題については法の問題、事実認定の中でいかなる事実を使うのかというのも法の問題、というふうに整理してよろしいのかというのが一点目のご質問でございます。

　二点目といたしましては、事実の変遷論としての事実の主張については、私の中では、事実の話なのか、法の問題の話なのかというのを少し悩んでいるところでございまして、このあたりについてご意見を伺えればと思います。

伊藤滋　巽先生、よろしくお願いいたします。

巽　ありがとうございました。まず第一点目の、大まかに申しますと、裁判所による法令の違憲審査というものの中で、事実認定と法解釈というのがどういう領域を占めているのかということだと思うのですけれども、私もいま伊藤先生がおっしゃったことには違和感はございません。立法府が立法するにあたって認識した事実が何であったのか、そこは確実に事実問題であろうと思います。その立法事実の積み重ねを見て、裁判所が当該立法を支えるに足る立法事実があると判断するかどうかという部分は、純粋な事実問題ではないのは確かで、少なくとも事実に対する法的な評価が入ってくる領域ということになります。それで、その評価の領域が法問題なのか事実問題なのかということを、第一点目としておっしゃっていたのかなと思ったのですけれども、私はそこは、事実問題なのか法問題なのか、ひいては認定なのか評価なのかを論ずることはあまり生産的でない、こだわっても仕方がないと思っております。規範的要件ないし評価的要件の審理構造になぞらえて考えますと、個々の評価根拠事実、評価障害事実が積み上がって、例えば目的が重要とか手段が必要とかいう評価的要件が充足されるかという話になる、その事実を積み重ねた後の評価的要件充足の評価の部分をどう考えるかということなんだと思うのですけれども、これは、おそらく事実問題と法問題の典型的な規律パッケージがどちらも当てはまらない領域なのかなと思っております。民事訴訟法理論の中でも見解がいろいろ分かれておりますので、さしあたり憲法論にあたってもそこまであまり踏み込まないで議論をしており、あまり明確な答えは出せないというのは申し訳ないところです。

　第二点の、時の経過とか基準時とかいう話に関して申しますと、だいたいの事案では原告に当該法令が適用されたときに権利侵害が起こり、その原告の権利侵害を訴訟の対象にするということになりますから、その意味で伊藤先生のおっしゃったように、そのとき法令およびそれを支える立法事実がどうだったかということがまずは重要で、行政法の用語でいうと処分時説というか、その権利侵害が起こった時点での法令および事実がまずは問題になるのだろうと思います。ただ、問題の性質によっては、いまその問題を解決しても原告の救済にはもう役に立たないだろうということは当然あり得て、行政訴訟だと訴えの

利益が事後的になくなるという話ですが、基本は適用がされた時点のことを考えるけれども、口頭弁論を終結する段階までの事情の変化も考慮されることはありうるかなというのが、基準時についての私の大まかな認識でございます。続いて、漠然とした答えで申し訳ないですけれども、立法事実の変遷というのは、おっしゃっていたような場合、すなわち権利侵害の後に原告に有利な立法事実の変遷が生じた場合の問題については、行政法でも論じている先ほどの基準時の問題の延長で考えられると思いますが、例えば、国籍法違憲判決や非嫡出子相続分違憲決定についてよく議論される、立法当初の段階から権利侵害の時点までに立法事実の変遷が生じた場合については、これとは別の問題になるかと思います。大まかな認識は以上でございます。

伊藤滋　ありがとうございます。もうお一人ご質問の方がいらっしゃいますのでこの程度でよろしいでしょうか。それでは次の方、お名前、ご所属をおっしゃっていただいて、どの先生にお聞きになりたいかをお願いいたします。

土井翼　一橋大学で行政法を担当している土井と申します。御幸先生にお伺いしたいことがございます。渡辺先生がコメントの中で、この点が非常に重要なのではないかとおっしゃった点と関わるのかと思いますけれども、御幸先生のご主張は、レジュメ一番最後の12頁（本書126頁）にあるように、憲法訴訟について要件事実論で説明することは可能ではあるが、そうすることが必ずしも有益とはいえないということだったろうと存じます。その上で、その論拠を、憲法訴訟の特殊性に求めておられました。そして、憲法訴訟がいかなる意味で特殊かということについては、レジュメ11頁（本書124～125頁）に記載されていました。この特殊性とはいかなるものなのだろうか、というのが私の質問です。三点ないし四点ございます。

　まず前提として、第一に、「有益でない」というとき、それはいかなる意味で有益でないのでしょうか。憲法訴訟の現状、実務なりを説明するために適切な道具ではないということなのか、それともそれを超えて、憲法訴訟を要件事実論から説明することが望ましくないということまで含意しておられるのでしょうか。これが一点目の質問です。

　その上で、後者の趣旨も含んでおられるのであろうと予測した上での質問が二点目です。御幸先生は憲法訴訟の特殊性を基礎付ける論拠を三つ挙げられておられますが、一つ目と二つ目は「事実として現状こうなっている」ということ、つまり、要件事実論的な発想が憲法訴訟を支配しているわけではないという事実のご指摘ですので、要件事実論を使うべきでない、あるいは使ってもより良い理論にはならないというご主張の論拠にはおそらくなりません。そうすると、三つ目に挙げられている、「憲法訴訟は目的手段モデルに立脚している」というご議論が、ご主張との関係では非常に重要な論拠なのであろうと理解しました。その上で、御幸先生はレジュメ11頁（本書125頁）の「目的手段モデルにおける立証命題の不確かさ」と題された項目で、「目的手段審査の立証命題の意味するところは、さほど明らかではない」として、民法709条の「過失」と比べてもなお、「目的が重要であること」という要件の意味は不明確であると指摘されています。それ自体はその通りですが、そうした不明確な要証命題をさらに具体化することは妨げられないと私は考えます。御幸先生はそのことをどう考えられるのでしょうか。例えば民事法でも、借地借家法が「正当の事由」という要件を法定している場合について、それをさらに噛み砕いて、具体的な要証命題にしていくというようなことがなされています。憲法訴訟においても同様のことをする余地はあると思うのですが、このことについてどう考えられるのかということです。

　さらに、三点目の質問ですが、これは巽先生がおっしゃったことでもあると思いますけれども、目的手段モデルというものがどこまで特殊なのだろうかという点も気になります。例えば、行政法では行政裁量の統制をする際に目的や手段を見ることがあります。そして、裁量論は裁量の逸脱または濫用が認められれば違法であるとする枠組みですが、そこにいう「裁量の逸脱または濫用」という要件をさらに噛み砕いて具体的な要証命題に明確化しようとする動向が行政法学には有力に存在しています。そうすると、目的手段モデルだから要件事実論的な発想を入れてはいけない、あるいは入れても有益ではないという結論は直ちには導かれないようにも思われます。こうした点についていかがお考えでしょうか。

　これらに加えて、単純にご議論の趣旨を教えていただければという付加的な

質問がございます。レジュメ11頁の最後から二つ目の段落（本書125頁下から 8 行目）には、「通常の要件事実の規範的要件（評価的要件）は、その要件を設定した時点で一定の利益ないし価値の衡量を終えている」とのご指摘がありますが、これは、憲法訴訟における「目的が重要であること」という要件では事情が違うのだ、というご趣旨を含むのであろうと思います。しかし、そこが少し分かり難かったので敷衍していただければと思います。よろしくお願いします。

　伊藤滋　ありがとうございます。それでは御幸先生、よろしくお願いいたします。

　御幸　はい。非常に鋭いご指摘を賜り誠にありがとうございます。まずその一点目、有益ではないというのは要件事実論では語れない、語り尽くせないものがあるという趣旨でございます。語り尽くせないものということで、例えば立証責任というふうな理屈が通らないとかですね、もちろん目的手段モデルだというのもあるわけですが、そういう点で、憲法訴訟を要件事実論で説明することは現状の認識としてもズレており、使っている概念もちょっとズレがあると。そのため、戦略的に要件効果モデルと同じように考えるべきだというような、ある種、今まであった議論をなぎ倒していくという戦略を採るのであれば可能であると思うのですが、しかし、そこはもうちょっと何か別のやり方があるのではないかと考えます。そもそも自生的に何か違う考え方をしている分野ですので、その通り認識した方がより正確な認識ではないかというところです。
　そして、目的手段モデルがどれほど要件効果モデルと違うのかにつきまして、これも難しい話として、平井宜雄先生や田中成明先生の論争や、もちろん平井先生の前には星野先生がいてというところで、私もそこへだんだん深入りするともうボロしか出ないわけではございますが、本来の法教義的な思考というのは、要件効果的なドグマであり、すなわちルールというのがあって、そのルールに引っかかったからあなたはこうですと。そのように過去志向といいますか、ルールがカチッと決まっていて、過去の事実がそれに当てはまったからあなたには権利があります、ないですと判断されるわけでございます。ところが、利益衡量モデルというのは、利益衡量が目的手段審査で行われるとき、目的手段

モデルはまさにそこに含まれるわけですが、一定の政策目的のためにどこまでの手段だったら許容されるかという未来志向のものであります。法の論理として目的手段モデルでどこまで正当化のプロセスをやってよいのかというのが、平井先生と田中先生の論争であり、結論としましては両者とも発見のプロセスには目的手段モデルを用いていいんだと。つまり、どういう法制度が望ましいのかというのを考えるときには目的手段モデルを用いてよいと。ただ、平井先生は正当化のプロセスで目的手段モデルを使うのはやはり避けるべきだとおっしゃっていて、田中先生は、ルールそれ自体の適切さを示すときには目的手段審査のような利益衡量モデルは用いてよいが、司法事実とかを用いたまさに個別事件の解決には要件効果モデルしか使えないのだとおっしゃっております。つまり、両者は正当化プロセスにおきましては要件効果モデルというのが法的思考としては基本なのだと、そこで論争が終結しているという認識が私にはあります。そして、田中先生、平井先生によるまさにそのような議論があったところ、しかし目的手段モデルも要件効果モデルと同じなんだというようになりますと、私としては今までの議論は一体何だったんだというような気もいたします。そもそも、目的手段で考えるということは未来志向じゃないでしょうか。ドイツの議論でも Christoph Möllers がおっしゃってますけど、立法は未来志向で、司法は過去志向で、行政は現在思考だと。憲法訴訟というのは、立法府が考えている目的手段の思考枠組みを裁判所もとるというところがやはり特殊であると思います。また、宍戸先生が、憲法訴訟では立法府の将来予測を審査できるとおっしゃっている点は、やはりこれは目的手段審査をとっているというところがあるのではないかというのを、最近ふと感じるところではございます。

　ただ、これは、法哲学的な議論を私が誤解して認識しているという可能性も多々あります。ただ、少なくともやはり現状は、目的手段モデルというのは要件効果モデルとはやはり違うのだ、という認識で考えております。以上です。

　伊藤滋　ありがとうございました。それではまだ反論等あるいは他の先生方もおありかもしれませんけれども、こういういわば議論が盛り上がってきている時に水を差さざるを得ないのが司会の役でございまして、6時には終わりた

いと思います。そのようなことで、最後に島田所長の挨拶をいただいて、終わりにしたいと思いますけれども、皆様、よろしゅうございますでしょうか。それでは島田先生、よろしくお願いいたします。

[閉会の挨拶]

島田新一郎　要件事実研究所の所長を務めております島田でございます。

　本日はご多忙の中、富山、あるいは関西方面からの遠方からも、この東京の外れにある八王子の創価大学まで多数の先生方にお越しいただき講演会に参加してくださったことを心より御礼を申し上げたいと思います。本当にありがとうございました。また参加していただいた法科大学院生の皆さんも長時間、本当にご苦労様でした。

　本日は、行政法分野だけでなく憲法も含めた公法分野で多くのご業績を挙げられている成蹊大学の巽先生、また、憲法訴訟に関して多彩なご業績を挙げられている横浜国立大学の御幸先生というお二人の新進気鋭の研究者をお迎えし、また、合わせて名誉毀損問題を扱う実務家としては大変ご高名な佃先生をお迎えして、このように充実した素晴らしい講演会を開催できましたことは、創価大学にとって大変名誉なことであり所長としてこれ以上嬉しいことはございません。本日は講師をしていただきました各先生方に衷心より御礼を申し上げたいと思います。本当にありがとうございました。また、一橋大学の渡辺先生、また本学法科大学院の嘉多山先生からは、大変示唆に富む、また的確な素晴らしいコメントをいただきました。心から御礼を申し上げたいと思います。

　憲法と要件事実というテーマは、これまであまり目にしたことがないものなのですけれども、実務家として上告事件あるいは上告受理事件に携わるというのは避けて通れない問題でもあろうかと思います。本日の講演会は、渡辺先生が事前に提出されたコメントの中にもご指摘されていましたけれども、本当に未開拓と言ってよい憲法と要件事実についての議論を進化させていく一つの大きな契機となるものであり、我が国の司法の発展において大きな財産となるものと確信しております。

　当研究所は、非常に小規模ではありますけれども、ますますお元気な、顧問

でもあり実質的な意味における所長でもある伊藤滋夫名誉教授のもとに、今後も学術的にあるいは実務的に重要な問題につきまして引き続き講演会を開催していく予定であります。どうぞ今後とも、同研究所の活動にご理解とご協力をいただきますよう心よりお願いを申し上げまして、簡単ではございますけど、閉会の挨拶とさせていただきます。本日は本当にありがとうございました。

　伊藤滋　ありがとうございました。これですべて終わりでございます。皆様どうも、本当にありがとうございました。どうかお気をつけてお帰りください。

講演レジュメ

巽　　智彦

御幸　聖樹

佃　　克彦

講演1レジュメ

憲法関係の訴訟における事案の解明

巽　智彦

　本報告に期待されているのは、ドイツの憲法裁判における議論を踏まえ、要件事実論と密接に関係のある、憲法関係の訴訟における事実認定上の工夫や事案の解明のための具体的な知恵を紹介することである。とはいえ、憲法関係の訴訟の特殊性に鑑みて、まずは憲法関係の訴訟における要件事実論、「事案の解明」それぞれの特徴を概観し（→1）、双方に通底する問題としての法（律）問題と事実問題との区別とその相対化の必要性（→2）を考察したのちに、ドイツ連邦憲法裁判所法における事案の解明に係る諸制度の紹介に移りたい（→3）。

＊なお、本稿の内容は下記の論文の内容を敷衍ないし補足したものである。
　巽智彦「公法関係訴訟における事実認定について──憲法訴訟を端緒として」
　　成蹊法学85号（2016年）107頁
　巽智彦「立法事実論の再構成──事実認定論からみた違憲審査」石川健治＝山
　　本龍彦＝泉徳治編『憲法訴訟の十字路』（弘文堂、2019年）1頁
＊本稿の内容に関連する行政訴訟に関する論文として、下記のものがある。
　巽智彦「職権探知主義の諸相──須田守『取消訴訟における「完全な審査」』を
　　手掛かりに」成蹊法学86号（2017年）17頁
　巽智彦「事実認定論から見た行政裁量論──裁量審理の構造に関する覚え書き」
　　成蹊法学87号（2017年）97頁
　巽智彦「行政事件における事案の解明──裁判所による職権探知の義務と権限」
　　民商法雑誌154巻4号（2018年）1頁
　巽智彦「国家賠償請求訴訟上の問題」宇賀克也＝小幡純子編『条解国家賠償法』
　　（弘文堂、2019年）687頁

1　憲法関係の訴訟と要件事実論、事案の解明

(1)　憲法関係の訴訟と要件事実論

　憲法（典）は、民事上、刑事上の法関係に憲法がどのように影響するのか、また公的主体の活動の違憲性／合憲性をどのように判断するのか、すなわち、憲法関係の訴訟における要件事実に関して、明確に定めていないことがほとんどである。

> e.g.　生命、自由及び幸福追求に対する国民の権利については、公共の福祉に反しない限り、立法その他の国政の上で、最大の尊重を必要とする。（憲13条後段）v. 集会、結社及び言論、出版その他一切の表現の自由は、これを保障する。（憲21条）

> e.g.　公務員を選定し、及びこれを罷免することは、国民固有の権利である。（憲15条1項）＋公務員の選挙については、成年者による普通選挙を保障する。（同3項）

　そのため、憲法関係の訴訟においては、当該事件における訴訟物の存否を判断するための要件事実を設定する作業（場合によってはその前提として、原告の請求の趣旨を解釈し、適切な訴訟物を設定する作業）に、通常の訴訟よりも大きな比重が置かれる。

> e.g.　現実の悪意の法理、配信サービスの抗弁、公正な論評の法理 etc.

> e.g.　公選法の違憲確認 v. 次回の選挙において選挙権を行使することのできる地位の確認

　しかし、そうした作業に関して、一般的には先例の積み重ねが乏しく、学説も（要件事実の体系化を目指すか否か、目指すとしてどのように体系化するかのレベルから）一致を見ていない。

> e.g.　総合考慮論、違憲審査基準論、三段階審査論 etc.

　そのため、必ずしも裁判所が要件事実の設定について明確な拠り所を見出すことができず、要件事実が不確定なまま審理が進むことや、裁判所が想定する

要件事実と当事者の想定するそれとの齟齬が生じる場合がある。

　＊環境訴訟、医療訴訟、家事事件 etc.

(2)　憲法関係の訴訟と事案の解明

　いわゆる法的三段論法に仮託して整理するならば、訴訟手続は、裁判所が特定の訴訟物の存否を判断するために、①大前提たる法の確定、②小前提たる事実の認定、③認定した事実の法への当てはめ、ないしは法の事実への適用という過程を（ほとんどの場合は輻輳的に）辿る。

　「事案の解明」という言葉は、通例、口頭弁論における裁判所の裁判資料（訴訟資料および証拠資料）の収集の規律、ないしは訴訟の審理における当事者および参加人（以下、当事者等という）の主張および証明の規律を指すものとして使用されている[1]。この意味での「事案の解明」は、上記の①法の確定、②事実認定および③当てはめの過程のうち、基本的には②事実認定を想定しているものと捉えられる。

　しかし、②事実認定は、一方で裁判所が収集する／当事者等が主張立証する裁判資料を適用する①法を念頭に置いて展開されるはずであり、他方で③当てはめの作業を通じて①法の確定ないし具体化に影響を及ぼすことになる。換言すれば、「事案の解明」は、より広く上記の①ないし③の過程すべてを捉えるものとして位置づけることもでき、かつとりわけ①の比重の大きい憲法関係の訴訟においては、それが有用であると思われる。

伊藤滋夫『要件事実の基礎〔新版〕』（有斐閣、2015年）58頁

　　　民事訴訟におけるツールとしての事案の解明のための理論は、大きく言えば、証拠収集活動のための理論、要件事実のための理論（要件事実論）及びこれに直接に関連する理論、事実認定のための理論（事実認定論）の３つに分かれ、そのいずれもが、それぞれに重要である。いわゆる狭義の「事案解明義務」論に限られるものではない。筆者には、従来の理論は、

1―伊藤眞『民事訴訟法〔第6版〕』（有斐閣、2018年）309頁以下、小島武司『民事訴訟法』（有斐閣、2013年）368頁、三木浩一ほか『民事訴訟法〔第3版〕』（有斐閣、2018年）21頁、200頁以下〔三木浩一〕。

この点の認識が不十分であったように思われ、本書はその点に特に留意を
している。

2　法問題と事実問題

通例、①大前提たる法の確定に関わる問題群は法問題、②小前提たる事実の
認定に関わるそれは事実問題と呼ばれる。より詳しく言えば、①法問題とは、
訴訟物の存否の判断のために必要な法命題の確定、およびそれに包摂されるべ
き事実命題の確定（端的に言えば、要件事実の設定）を意味する。これに対して
②事実問題とは、訴訟物の存否の判断のために必要な法命題に包摂されるべき
事実命題の当否、すなわち当該事実の存否の確定を意味する。

e.g. →国又は公共団体の公権力の行使に当る公務員が、その職務を行うにつ
いて、故意又は過失によつて違法に他人に損害を加えたときは、国又は公
共団体が、これを賠償する責に任ずる。（国賠1条1項）

①「立法の内容又は立法不作為が国民に憲法上保障されている権利を違
法に侵害するものであることが明白な場合や、国民に憲法上保障されてい
る権利行使の機会を確保するために所要の立法措置を取ることが必要不可
欠であり、それが明白であるにもかかわらず、国会が正当な理由なく長期
にわたってこれを怠る場合」→「国家賠償法1条1項の規定の適用上、違
法の評価を受ける」

②原告が「国政選挙において投票をする機会を与えられることを憲法上
保障されていた」、「この権利行使の機会を確保するためには在外選挙制度
を設けるなどの立法措置を取ることが必要不可欠であった」etc.

我が国の訴訟法理論は、①法問題と②事実問題とをカテゴリカルに区別し、
それぞれについて異なる訴訟法上の規律を用意している。一方で①法問題に関
しては、「裁判所は法を知る（iura novit curia）」ものとされ、裁判所は口頭弁
論における主張や証明のプロセスを経ずに判断することとなる。これに対して
②事実問題に関しては、当事者が口頭弁論の場に顕出し、または裁判所が職権
で探知した各種事実（主要事実、間接事実、補助事実および事情）の存否を、証
拠調べの結果および口頭弁論の全趣旨に照らして、裁判所が自由心証に基づい

て判断することが要求されている（参照、民訴247条）。

　しかし、法問題と事実問題のカテゴリカルな区別は、実際には貫徹されていない。

　→(1)　法問題の事実問題への融解：違憲性の主張立証責任
　→(2)　事実問題の法問題への融解：立法事実論

(1)　法問題の融解：違憲性の主張立証責任
法問題の主張責任？
最大判昭和28年11月11日民集7巻11号1193頁

　　　……上告理由は、単に抽象的に違憲又は違法を主張するに止まり、風俗営業取締法等の如何なる条項が、如何なる理由により、憲法の如何なる条項に違反するかにつき、及び同法に基いて東京都長官の発した如何なる法令の如何なる条項が、如何なる理由によつて、同法の委任の範囲を逸脱するものであるかにつき、何ら具体的に示していないのであつて、かくのごときは違憲違法の主張としては適法のものとは認められない。

法問題の立証責任？
芦部信喜『憲法学Ⅱ』（有斐閣、1994年）235頁

　　ここに合憲性推定の原則とは、(a)先に説いた立法目的および立法目的達成手段の合理性を支える立法事実の存在が推定されるということ（つまり、(b)立法府の判断に合理的な立法事実の基礎が欠けている場合には合憲性が推定されないということ）を意味する。

　(a)＝立法事実の推定（事実問題の推定）
　(b)＝立法事実に基づいて論証されるべき法令の合憲性の推定（法問題の
　　　推定！）

(2)　事実問題の融解：立法事実論
新堂幸司『新民事訴訟法〔第6版〕』（弘文堂、2019年）582～583頁

　これまでの民事訴訟法は、……判決において法適用の基礎となる事実に関

して様々な理論や制度を議論してきたが、適用すべき法については、裁判官の職責として、当然にこれを知っているという建前から、議論の対象にならなかった。……立法事実をどのようにして裁判に顕出させるかに関しては、弁論主義における主張責任ルール、自白の拘束力ルール、証拠申請のルール、不意打ち防止ルール、さらに釈明義務、法的観点指摘義務、事実解明義務・責任、証明責任のルールなどの各ルールとの関連で、訴訟上どう取り扱うべきかが議論されるべきである。

(3) 法問題と事実問題の相対化

　法問題と事実問題との区別が相対化する中で、憲法関係の訴訟の審理を指導する原理を全体として明らかにする作業が必要である。

巽智彦「公法関係訴訟における事実認定について――憲法訴訟を端緒として」成蹊法学85号（2016年）133頁

　　従来の「立法事実論」のアンビバレントな態度の背後には、「立法事実」の認定に、典型的な事実問題または法問題に妥当する規律のパッケージを二者択一的に妥当させるのが適切でないという問題意識があったとも考えられる。具体的には、事実問題または法問題に妥当する規律のパッケージを分解し、訴訟資料および証拠資料の顕出（弁論主義の適否）、立証責任および証明責任の適否、上告審における審理の可否等の個別の論点において、それぞれ妥当な結論を選び取っていこうという問題意識である。

　憲法関係の訴訟においては、法問題であっても、裁判所が十分な知見、情報を持ち合わせていないことが多い。そのため、裁判所は、当事者等、場合によっては第三者の知見を調達する必要が大きい。他方、法問題の審理構造は、原則として当事者等の主張立証の過程を予定していないため、当事者等の手続保障の観点から問題がある。①法の確定ないし要件事実の設定に大きな比重が置かれる（→1）憲法関係の訴訟においては、これらの点は重大な問題である。それゆえ、裁判所と当事者等の間での対話的な事案解明の理論を、法問題についても構築する必要がある。②事実問題の主張立証の規律を緩めることを志向

する場合（→立法事実論）にも、その必要性および限界を検討する際に、同様
の理論が必要となる。

　e.g.　職権探知主義における当事者の手続権

　e.g.　法的観点指摘義務

3　ドイツ連邦憲法裁判所法における事案の解明

　ドイツ連邦憲法裁判所法は、主として②事実問題の主張立証を想定した様々
な規律を含んでいるが、これらは実際上①法問題に関しても意味を有している
ように見受けられる。

(1)　申立ての際の理由付け義務

　「手続開始の申立ては、文書によって連邦憲法裁判所に提出されなければな
らない。申立ては理由付けられねばならない；必要な証拠方法が主張されねば
ならない」（§23 Abs.1 BVerfGG）。申立人が申立ての際にこの理由付けの義務、
証拠方法の主張の義務を履行しない場合には、そもそも申立てが不適法となる。

　→請求の特定？（民訴規則53条1項）

　→違憲性の主張責任？（→2(1)）

(2)　事実認定権限

　連邦憲法裁判所は、規範の合憲性に関する事実（狭義の立法事実）の認定権
限を有する。なお、規範の合憲性に関わるわけではない事実については、他の
裁判所の事実認定（具体的には、具体的規範統制の申立てをした他の裁判所が既に
行ったそれや、憲法異議の対象となった判決中のそれ）を前提にしなければなら
ない。

　これに対して、日本の最高裁判所は、職権調査事項を除き原審までの事実認
定に拘束される（参照、民事訴訟法321条1項、322条、行政事件訴訟法7条）ため、
憲法問題について判断する場合でも、原審までに現れている訴訟資料および証
拠資料のみを利用することになるはずである。しかしながら、最高裁は、憲法
問題の審理に際して、しばしば独自に、すなわち下級審段階で主張立証されて
いないものであっても、事実認定を行っている。

e.g.　裁判員制度合憲判決：最大判平成23年11月16日刑集65巻 8 号1285頁
　　……<u>憲法制定過程についての関係資料によれば</u>、憲法のこうした文理面
　から、憲法制定当時の政府部内では、陪審制や参審制を採用することも可
　能であると解されていたことが認められる。

e.g.　婚外子相続分差別違憲決定：最大決平成25年 9 月 4 日民集67巻 6 号
　1320頁
　　昭和22年民法改正以降、我が国においては、社会、経済状況の変動に伴
　い、婚姻や家族の実態が変化し、その在り方に対する国民の意識の変化も
　<u>指摘されている</u>。

→法問題の探知／事実問題における「公知の事実」？
　e.g.　西野吾一＝矢野直邦「最判解」刑事篇平成23年度314頁註64
→違憲審査権（憲81条）から当然に導かれる、法令の合憲性を支える事実
　（狭義の立法事実）の認定権限？
→憲法問題に関わらない、上告審としての法の統一の任務に必要な範囲での
　権限？

(3)　職権探知主義

　連邦憲法裁判所法26条 1 項 1 文は、「連邦憲法裁判所は、真実の探求のため
に必要な証拠を取り調べる」と規定する。これは、証拠資料の顕出（職権証拠
調べ）のみならず、訴訟資料の顕出に関しても職権探知が妥当する旨を宣言し
たものと解されている。
　職権探知主義に関しては、行政訴訟の方が議論が多い。行政裁判所法86条 1
項は、「裁判所は事実関係を職権で調査する：関係人はその際に動員されなけ
ればならない（die Beteiligten sind dabei heranzuziehen）。裁判所は関係人の陳
述および証拠申立てには拘束されない」と規定する。
　→裁判所の職権探知の義務
　　v. 裁判所の職権探知権限（例：行訴24条）

「動員されなければならない」の意味には争いがある。主として当事者の手

続権の保障を意味するものと解されているが、当事者の事案解明のための協力（Mitwirkung）の義務を読み込む見解もある。たとえば、当事者が事案の解明に協力しない場合、裁判所はそれ以上職権探知の義務を負わなくなるとされる。

→日本の事案解明義務（広義、狭義）との関係

(4) 証拠調べの多様性

職権による証人尋問や鑑定に加えて、他の裁判所および行政庁への協力要請（§27）、一定の手続類型における議会・政府の意見表明の機会の付与（§77、§82、§94）などの特則が存在する。

e.g. 薬局判決（BVerfG Urt. 11. 7. 1958, BVerfGE 7, 377）では、議会による将来予測の基礎となった各種の一般的事実について、綿密な証拠調べがなされた[2]。

1998年改正により追加された27 a条は、「連邦憲法裁判所は専門知識を有する第三者に意見表明の機会を与えることができる」と規定する。一方で、訴訟参加の手続とは異なり、当該第三者は関係人たる地位を有することになるわけではない。他方で、鑑定の手続を経ない特殊な証拠調べとしての位置づけを有する？

→実際には法問題に関する意見表明の求めが多用されている。法問題の「証拠調べ」？

e.g. 欧州銀行監督制度合憲判決（BVerfG Urt. v. 30. Juli 2019 - 2 BvR 1685/14）

→知財高裁の意見募集（「日本版アミカスキュリエ」）

2―具体的には、同事件において連邦憲法裁判所は、「薬局制度および医薬品制度の状況、とりわけ、アメリカ占領区における行政による開業管理の結果と無限定の開業の自由の帰結について、また薬局の経済的状況および薬局外での医薬品の流通状況について概観を得るために」、連邦内務省参事官、バイエルン州内務省上級参事官、バイエルン州薬剤師会業務執行者、内閣薬剤参事官、経済学者らの鑑定を実施し、さらにはスイスおよびオランダの薬局の状況についても、スイスの連邦衛生局局長、スイス薬剤師協会書記官の鑑定を実施し、オランダについては国際薬学協会事務総長の鑑定書を証拠調べしている。

(5)　証拠調べに際しての当事者等の手続権

証拠調べ手続への当事者の列席と審尋権の保障（§29）、関係人からの証人尋問および鑑定人尋問の申出（§28 Abs.1）など。証拠調べの結果は、判決文中にも記載されることとなる。口頭弁論外での証拠調べ（§32 Abs.1 S.2）（議会の議事録の証拠調べ等）についても、学説は少なくともその結果を口頭弁論の場に顕出すべきことを主張している。

→法問題に関する「証拠調べ」（→(4)）についても手続権が保障されている？

→学術文献、専門家意見による法解釈の理由付けの慣行。法問題の「立証」？

　v. 日本では立法事実については証拠調べが基本的に行われず、立法事実の認定の根拠が判決文中にはっきり示されない（→(2)）。法解釈の理由付けとして示される可能性があるのも自身の先例のみ。

(6)　費用負担

連邦憲法裁判所法は、同法上の手続について、濫用的な申立てでない限り訴訟費用を国庫負担としており（§34 Abs.1, 2）、証拠調べの費用が当事者負担にならない。

＊執筆にあたって、Alexander von Humboldt Foundation および公益財団法人民事紛争処理基金からの助成を受けた。記して謝意を表する。

講演２レジュメ

憲法訴訟と要件事実論の接続可能性

御幸聖樹

はじめに

本報告に与えられた課題

　日本の憲法訴訟における立法事実論の現況を踏まえて、在外国民選挙権大法廷判決[1] などを題材に、多様な具体的事案における状況の下で、立法事実が要件事実の決定基準としてどのような意味を持つかについて考察すること。

　→上記課題を達成するため、
　（一）本報告の射程の限定と用語の整理
　（二）法令審査における基本権制約の合憲性判断枠組みについて判例・学説の現況の概観
　（三）憲法訴訟と要件事実論との接続可能性
の順に論ずる。

一　本報告の射程の限定と用語の整理

　基本権制約の合憲性判断枠組みは多様であり、それらを一律に論ずることは議論の混乱を招くおそれ。

　→本報告では、以下のとおり典型的な合憲性判断枠組みに議論を限定。

1—最大判平成17年９月14日民集59巻７号2087頁。

1　違憲審査の範囲

憲法訴訟における裁判所の違憲審査の範囲[2] は、

①文面審査（ある法令の文面上の合憲性・違憲性を検討する審査方法）、

②適用審査（法令の当該事件に適用される限りでの合憲性を検討する審査方法）、

③処分審査（法令の違憲性とは独立に個別的・具体的国家行為の合憲性を検討する審査方法）の３つに区別される。

①文面審査はさらに、

（i）狭義の文面審査（立法事実に基づかず法令の文言そのものを審査する方法）と、

（ii）法令審査（法令の合憲性を立法事実に基づいて審査する方法）

に区別できる。

→本報告では、（ii）法令審査を念頭に議論を進める。

＊法令審査＝法令の合憲性を「立法事実」に基づいて審査

「立法事実」＝「法律を制定する場合の基礎を形成し、それを支えている──背景となる社会的・経済的──事実[3]」（憲法学の標準的定義）

⇔

「司法事実」＝「係属事件の解決だけの目的で確定されねばならぬ事実、すなわち直接の当事者に関する──誰が、何を、どこで、いつ、いかに、どんな動機もしくは意図で行ったかという──事実[4]」

…なお、留意点は２つ。

①「立法事実」の多義性？

Legislative Fact につき、アメリカ憲法学ではさらに２つに区別する見解[5] あり。

2─違憲審査の範囲についての分類として、さしあたり土井真一「憲法判断の在り方」ジュリスト1400号（2010年）51〜52頁参照。

3─芦部信喜「合憲性推定の原則と立法事実の司法審査」同『憲法訴訟の理論』（有斐閣、1973年）117頁、152頁。

4─芦部・同上152頁。

5─David L. Faigman, Constitutional Fictions: A United Theory of Constitutinal Facts 43-62 (Oxford, 2008).

（ⅰ）「憲法解釈に関わり、憲法を施行するために用いられるルールや基準の定義に影響を及ぼす事実」（Doctrinal Fact）

　……例）憲法起草過程における起草者発言等の歴史的事実

（ⅱ）「特定の憲法解釈の下で関係し、適用されるルールや基準に則って発見される事実」（Reviewable Fact）

　……例）人種別学が人種的マイノリティの子どもに劣等感を植え付けるか

→本報告では、「立法事実」を（ⅱ）の意味で用いている。

②「立法事実」と「司法事実」の差異・相対性

「司法事実」と異なり、「立法事実」については訴訟法上の規律（例として、弁論主義、主張・立証責任、証明度、証拠能力…etc.）は及ばない。

…ただし、

・「立法事実」について、「司法事実」と同様に訴訟法上の規律の下に顕出することは否定されない。

・上記の点にも関連するが、「司法事実」として顕出された事実について、より一般化して「立法事実」として判決・決定にて用いられることも禁止されていない（＝法令審査と適用審査のどちらを採用するかは、裁判所に裁量ありと一般的に考えられている。）。

・「立法事実」の顕出手続について、憲法論として証明度や主張立証責任などに類似の概念が提示（後述）。さらに、立法論・裁判所による望ましい運用が説かれる。

2　基本権の性質

基本権の機能論的分類として、以下のような分類が可能。

①消極的権利（国家の不作為を要求することを内実とする自由権）

②積極的権利（国家に対して積極的作為を要求することを内実とする国務請求権と社会権）

③能動的権利（国家意思形成に参加することを内実とする参政権）

④包括的権利

⑤法の下の平等

→本報告で念頭に置く合憲性判断枠組みは、保障内容が憲法上確定されている[6]①消極的権利の制約がなされた場合に主として用いられる。

3　小括

本報告の射程は、自由権制約の法令審査

二　法令審査における基本権制約の合憲性判断枠組みについて 判例・学説の現況の概観

1　憲法の条文構造

基本権に関する憲法の条文は、原則[7]として要件効果モデル（Aという要件事実があればBという法的効果が生じるという図式）で規定されているわけではない。

［要件効果モデルの例］

民法709条

①故意又は過失、②法益侵害、③損害の発生、④因果関係

　→損害賠償責任

［基本権に関する憲法の条文構造］

・各条文で列挙される基本権

　例）憲法21条1項「集会、結社及び言論、出版その他一切の表現の自由は、これを保障する。」

・ただし、明示的に保障される基本権も原則[8]として絶対無制約ではなく、

6—高橋和之『立憲主義と日本国憲法〔第4版〕』（有斐閣、2017年）85〜86頁。

7—例外的に、要件効果モデルで規定されている（と解されている）条文もある。例えば、憲法21条2項前段は「検閲は、これをしてはならない」と規定しているが、「検閲」の要件を充たせば直ちに違憲という効果が生じると判例・通説上理解されている。判例として、税関検査事件（最大判昭和59年12月12日民集38巻12号1308頁）参照。学説として、佐藤幸治『日本国憲法論』（成文堂、2011年）256〜257頁参照。

8—例外として、絶対無制約の基本権もある。そのような例として、奴隷的拘束からの自由（憲法18条）が挙げられる。佐藤・前掲注7書329頁参照。

「公共の福祉[9]」（12条、13条後段、22条1項、29条2項）によって制約を受けると規定されている（と解されている）。

・なぜ要件効果モデルで規定されていないか？

…①憲法問題は幅広く多様な問題が生じるので、要件効果のような類型的なルールを事前に設定できないという特殊性。

②時代状況の変化によって結論も変わりうる問題も生じることが予測されるため、要件効果のようなルール設定を避けて原理規定に留める方が望ましい。

　要件事実論とは、少なくとも典型的には、実体法は要件効果モデルで規定されているものの条文構造だけでは必ずしも裁判における立証の分配が明らかではない場合において、実体法の趣旨を立証が問題となる訴訟の場において最も適切に実現することを志向する理論であると思われる[10]。

⇔憲法は条文構造からしてそのような典型とは異質。

2　利益衡量の必要性とその限界

「基本権の保障」と「公共の福祉」の両者の関係をどのように理解するか？

→包括的基本権と解されている幸福追求権の保障規定でもある、憲法13条後段では「生命、自由及び幸福追求に対する国民の権利については、公共の福祉に反しない限り、立法その他の国政の上で、最大の尊重を必要とする。」と規定。

…「最大の尊重を必要とする」との文言から、「基本権の保障」も「公共の福祉」の実現も共に原理規定として最適化が求められるところ、両者が衝突して調整が生じる場合には基本権の保障に最大限配慮されるべきとの解釈が導出しうる[11]。

9—「公共の福祉」の解釈については、各条文の「公共の福祉」の内容の差異も含めて、学説上議論がなされてきた。本報告では立ち入らないが、学説の整理として長谷部恭男編『注釈日本国憲法(2)』（有斐閣、2017年）139〜153頁［土井真一執筆］参照。
10—伊藤滋夫「要件事実論の概要」『要件事実で構成する所得税法』（中央経済社、2019年）1〜4頁。
11—土井・前掲注9書154頁参照。

　このような条文解釈を背景として、合憲性判断に際して、基本権とその制約目的たる法益の価値を比較衡量することが求められることとなる。

　…「公共の福祉」を理由とする基本権の制限は、

　①基本権の制限によって得られる利益又はその価値と、

　②それを制限しないことによって維持される利益又はその価値

を比較衡量して、①の利益又は価値が高いと判断される場合にのみ合憲とされる[12]。

　基本権制約の合憲性判断に際して、(基本的な方法論として) 利益衡量が必要となる点については、判例・学説ともに現在では争いはない。

　しかし、利益衡量といっても、比較される利益ないし価値について共通の物差しがあるわけではない。

　→①「基本権の制限によって得られる利益又はその価値」が個人的利益よりも社会的利益のことと考えられることが多く、結果的にあらゆる権利制限を認める方便として用いられるおそれ。

　　②裁判官の主観による恣意的判断のおそれ。

　…このような帰結を避けるため、利益衡量の判断過程を分節して、判断の各段階における争点を明確にするとともに、判断基準や論証ルールを定めて評価の検証可能性を高める必要が生じる。

　→違憲審査基準論と三段階審査論。

3　精緻化された利益衡量としての、違憲審査基準論と三段階審査論

　違憲審査基準論・三段階審査論の要素は、以下の5つの要素に整理できる[13]。

(1)　違憲審査の基本枠組み及び審査の対象となる観点

(2)　各観点を審査する際の実体的判断基準

(3)　審査における論証責任の分配と要求される論証の程度

12―土井・前掲注9書154頁参照。
13―土井・前掲注9書157頁参照。

(4) 論証に際して用いることができる論拠の範囲

(5) 各問題領域あるいは事件において(2)から(4)を定める基準

→以下、順に検討。

(1) 違憲審査の基本枠組み及び審査の対象となる観点

違憲審査基準論も三段階審査論と同様に、基本権の保護範囲・基本権に対する制約・基本権の制約の正当化の三段階に整理しうる。そして、三段階目の正当化段階において、違憲審査基準論・三段階審査論ともに目的手段審査を行う[14]。

＊目的手段審査

要件効果モデルではなく、目的手段モデルでの利益衡量という判断枠組みこそが基本権制約の合憲性判断枠組みにて採用されている。目的手段審査は、伝統的な法解釈手法とは異なる政策的思考方式[15]。

・なぜ違憲審査において目的手段審査がなされるか？

法律の合憲性判断に関する第一次的判断権は国会にあり、裁判所は第一次的判断権の適否を事後的に審査することにあるため。

国会：立法目的を実現するための手段として法律を定めて規制を行う。そのため、その判断は目的手段の枠組みにより行われる。

→裁判所による違憲審査も、この目的手段の枠組みに沿って国会の第一次的判断を検証するのが合理的[16]。

(2) 各観点を審査する際の実体的判断基準

目的審査においてどの程度の目的の重要性を要求するか、手段審査において

14—三段階審査論の立場から目的審査を行うことを明示するものとして、小山剛『「憲法上の権利」の作法〔第3版〕』（尚学社、2016年）65〜69頁。なお、三段階審査論の手段審査は、①手段の適合性（その手段が立法目的の実現を促進するか）、②手段の必要性（立法目的の実現に対して等しく効果的であるが基本権を制約する程度が低い他の手段が存在するか）、③狭義の比例性（手段は追求される目的と適切な比例関係にあるか）を内容とする比例原則に則っているかどうかが審査される。小山・前掲書69〜72頁。

15—駒村圭吾『憲法訴訟の現代的転回—憲法的論証を求めて』（日本評論社、2013年）34頁。また、田中成明『法学入門』（有斐閣、2005年）188〜189頁。

16—土井・前掲注9書156頁参照。

目的達成のための手段としてどの程度まで過剰性や過少性を容認するかといったことに関係。

違憲審査基準論では、以下の原則的な３つの実体的判断基準
①厳格審査基準　　目的：やむにやまれぬ利益のためのものであること
　　　　　　　　　手段：目的達成のために必要最小限度の手段であること
②中間審査基準　　目的：重要であること
　　　　　　　　　手段：目的達成のために実質的な関連性を有する手段であること
③合理性の基準　　目的：正当であること
　　　　　　　　　手段：目的と合理的関連性を有すること

三段階審査論では、比例原則の適用を緩やかにするか厳しくするか、審査密度を変化させる[17]が、違憲審査基準論と異なり段階的な基準を設定するものではない。

(3)　審査における論証責任の分配と要求される論証の程度
(2)の実体的判断基準を充足することについていずれの当事者が論証する責任を負うか、あるいはどの程度の論証を要求するかを定める手続的基準である[18]。すなわち、(2)の実体的判断基準を基にした目的手段審査において立法事実の裏付けがあるかが審査されるところ、法律を支える事実状況の存在の推定（合憲性の推定[19]）がなされる場合には違憲を主張する当事者に論証責任が負わされることとなる。日本における違憲審査基準論はこのような合憲性の推定を認めており、精神的自由と経済的自由で合憲性の推定を認めるかどうかの区別がなされている[20]。他方、日本における三段階審査論はこのような論証

17―小山・前掲注14書72頁参照。
18―土井・前掲注９書158頁参照。
19―例えば、安西文雄「憲法訴訟における立法事実について（三・完）」自治研究65巻３号（1989年）76頁、78頁。
20―宍戸常寿『憲法解釈論の応用と展開〔第２版〕』（日本評論社、2014年）65頁参照。

責任の分配の変動を考慮していないとも思われる[21]。

＊アメリカの判例における論証責任（burden of proof）の分配（参考）[22]
　基本的に論証責任を負うのは、
　　・厳格審査→合憲主張者（多くの場合、州や合衆国政府）
　　・合理性の基準→違憲主張者
　…証明できないので違憲（or 合憲）、という判決も一般的。

しかし、2点の留意点。
①合理性の基準であっても論証責任を合憲主張者に負わせる事件（City
　of Cleburne v. Cleburne Living Center[23]）や、
　厳格審査であっても論証責任を違憲主張者に負わせる事件（Burson v.
　Freeman[24]）。
　∵実体的判断基準の変更は望まないが、望ましい（と連邦最高裁が考
　　える）結論を導出するため。

②中間審査基準の場合、論証責任の程度も様々。合憲主張者に「極めて説
　得的な（exceedingly persuasive）」正当化を要求した事件（United States
　v. Virginia[25]）もある一方、「実質的な証拠に基づいて合理的な推論
　（reasonable inferences based on substantial evidence）」を引き出している限
　り、合憲主張者（連邦議会）の立法事実の認定に敬譲を払うという事件
　（Turner Broadcasting Sys., Inc. v. FCC(Turner I and Turner II[26])）もある。
　…実体的判断基準よりも、論証責任の分配が結論に大きく影響を及ぼす
　　ことも。ただし、論証責任の分配ルールは混沌とした状況。

21―土井・前掲注9書159頁では、三段階審査論では論証責任をあまり考慮しないか、「統制密度」と
　　して論じるとされている。
22―Faigman, supra note 5, at 101-105, 129-133.
23―473 U.S.432（1985）.
24―112 S. Ct.1846（1992）.
25―518 U.S.515（1996）.
26―512 U.S. 622（1994）（Turner I）, 520 U.S.180（1997）（Turner II）.

　なお、「論証責任」＝事実上、違憲ないし合憲を主張する当事者が裁判所に相
　　　　　　当の根拠を抱かせるに努めざるをえないということ
　　　　　…訴訟法上の立証責任とは異なる[27]概念
　　　　　∵法令審査における目的手段審査は法解釈の問題であり、
　　　　　　事実認定の問題ではない。そのため、事実認定に関する
　　　　　　訴訟法上の規律も受けない。

　…立法事実は裁判所にとっても探知しにくいものであることに鑑みると、論
証責任の分配というルールを論ずることには一定の説得力あり。
　そして、違憲審査基準論による論証責任の分配基準は精神的自由と経済的自
由という二重の基準に基づくものであるが、より仔細に述べると、立法事実と
いう裁判所にとっても探知しにくい性質のものについて議会の判断と裁判所の
判断のどちらを優先させるべきかという考慮（精神的自由の場合には議会の判断
は信用できないという理由があるため裁判所の判断を優先させる）等があると考え
られる[28]。

(4)　論証に際して用いることができる論拠の範囲
　合憲性判断の論証に際してどのような論拠に基づくことができるか、である。
具体的には、法令の文面のみに基づき審査するのか、立法事実に基づく審査が
許されるのかといった差異が生じうる。
　→本報告では、立法事実に基づく審査（法令審査）に議論の射程を限定。

(5)　各問題領域あるいは事件において(2)から(4)を定める基準
　どのような違憲審査基準を設定すべきかといったことを議論するための基準
である。具体的には、二重の基準、制約態様の強度、規制目的二分論などがこ
の要素に含まれる。

27―内野正幸「法律の違憲審査における『挙証責任』」芦部信喜先生還暦記念論文集刊行会編『憲法
　　訴訟と人権の理論』（有斐閣、1985年）355頁。
28―浅野博宣「立法事実論の可能性」長谷部恭男ほか編『髙橋和之先生古稀記念　現代立憲主義の諸
　　相（上）』（有斐閣、2013年）419～433頁。

(6) 小括

以上が、違憲審査基準論と三段階審査論による利益衡量の精緻化。

特に重要なのは……

・目的手段モデルによる利益衡量（上記(1)）。

・憲法論として、証明度や主張立証責任に類似の概念の導入（上記(3)）

4 判例の合憲性判断枠組み

学説との異同について、本報告との関係で必要な部分のみ摘示。

(1) 違憲審査の基本枠組み及び審査の対象となる観点

現在の判例も合憲性判断において利益衡量を行う[29]。

そして、利益衡量において、学説のように目的・手段審査を整然と区別せずに総合的判断の一要素として目的・手段に着目するにすぎない判例[30]もあるが、基本的には目的手段審査を行うものと評価できる[31]。

(2) 各観点を審査する際の実体的判断基準

審査の厳格度については、事案に応じて厳格な基準を採用するものの、（ⅰ）例えば表現の自由の場合は厳格な基準を採用するといった一般的な宣言を行うことはせず、かつ、（ⅱ）講学上の用語をそのまま用いることは少ない[32]。

　…違憲審査基準論と比べて、裁判官の柔軟な判断の余地を残しておく点が特徴的。

さらに、厳格な基準として原則例外を組み込んだ基準が採用される場合もある。（選挙権という能動的権利の行使に関する判例であるが）在外国民選挙権大法

29―判例の動向について、堀越事件（最判平成24年12月７日刑集66巻12号1337頁）・千葉補足意見参照。
30―例えば、成田新法事件（最大判平成４年７月１日民集46巻５号437頁）における憲法21条１項との関係での合憲性判断や、広島市暴走族条例事件（最判平成19年９月18日刑集61巻６号601頁）における限定解釈後の合憲性判断を参照。
31―渡辺康行ほか『憲法Ⅰ　基本権』（日本評論社、2016年）74〜75頁［松本和彦執筆］参照。
32―堀越事件・千葉補足意見参照。

廷判決では「国民の選挙権又はその行使を制限することは原則として許されず、国民の選挙権又はその行使を制限するためには、そのような制限をすることがやむを得ないと認められる事由がなければならない」とされた。ただし、このような原則例外を組み込んだ基準が採用されるケースは必ずしも多くない。

(3)　審査における論証責任の分配と要求される論証の程度

論証責任について、最高裁判例ではあまり意識されていない。

ただ、下級審判決では論証責任を明示する裁判例もある。例えば、法の下の平等に関する裁判例ではあるが、醜状障害について男女で等級を分ける障害等級表の別異取り扱いの合憲性が争われた事件[33]において、合憲性の論証責任（判決文上は「立証責任」）が国に負わされている。

(4)　小括

（学説との類似点）

①判例は基本的には目的手段審査のかたちで利益衡量を行う。

（学説との相違点）

②目的手段審査の実体的判断基準については、違憲審査基準論のように審査の厳格度を予め宣言することはなく、事案に応じて柔軟に決定される。

③論証責任については最高裁判例ではあまり意識されていない。

三　憲法訴訟と要件事実論との接続可能性

以上、判例・学説の合憲性判断枠組みについて概説した。これを踏まえて、憲法訴訟と要件事実論との接合可能性を検討する。

1　憲法訴訟を要件事実論で語ることの可能性

合憲性判断は利益衡量によってなされるところ、その利益衡量が目的手段審

33―京都地判平成22年 5 月27日判時2093号72頁。

査で行われることには学説上争いはなく、判例も基本的にはそのように整理できる。

→目的手段審査について、目的の重要性や手段の必要性といったような各論証命題について、過失（民法709条）や「正当な事由」（借地借家法６条、28条）といった規範的要件（評価的要件）と同種のものと捉えて、目的手段審査を評価根拠事実・評価障害事実等の概念を用いて整理する[34]ことは可能であろう。

そして、立法事実の認定は困難なものであり真偽不明に陥りやすいことも踏まえると、二重の基準を基に精神的自由については論証責任を国に負わせることによって、より基本権の保護に資するように思われる。このような整理は、違憲審査基準論のように論証責任の分配の変動を意識する学説に親和的と思われるし、「そうあるべき」という考え方として成り立ちうる。

2　憲法訴訟を要件事実論で語ることは有益か（憲法訴訟の特殊性）

ただ、他の法領域における要件事実論とは異なり、憲法訴訟には以下の特殊性あり。

(1)　立法事実の審査であることに起因する相違点

法令審査は法の解釈に当たるため、事実認定についての訴訟法の規律は適用されない。法令審査における論証責任の分配はあくまで憲法論として語られてきたのであり、要件事実論の立証責任の分配とはこの点で異なる。

より仔細に検討すると、仮に論証責任の分配を認めるとして、例えば民法上の法定相続分規定の合憲性が私人間訴訟で争われる場合などについて、論証責任の分配ルールを変更する必要がないかといったことは別途検討する余地があろう。

34―巽智彦「公法関係訴訟における事実認定について――憲法訴訟を端緒として」成蹊法学85号（2016年）107頁、125～133頁参照。

　…根本的には、論証責任を強調するかどうかは、憲法訴訟における裁判所の役割として①当該事件の解決か②統一的な法宣言のどちらを重視するのかに関わる？

⑵　論証責任の分配を行わない現状の判例
　最高裁判例は論証責任の分配を行っていない。そのため、論証責任の分配を基に評価根拠事実・評価障害事実といった概念を用いて目的手段審査を論ずることは、判例を指導する理論（「そうあるべき」という理論）としてはともかく、現状の判例（「実際にそうである」という説明）とは距離がある。

⑶　目的手段モデルにおける立証命題の不確かさ
　目的手段審査の立証命題の意味するところは、さほど明らかではない。

　例）民法709条の「過失」＝「結果発生の予見可能性がありながら、結果の発生を回避するために必要とされる措置を講じなかったこと」と定義可能。
　⇔目的が「重要であること」（中間審査の目的審査）…それ自体としては不明確。

　…このような差異は、合憲性判断枠組みが要件効果モデルとは異なり、政策的思考としての目的手段モデルに立脚していることに起因するからでは？
　通常の要件事実の規範的要件（評価的要件）は、その要件を設定した時点で一定の利益ないし価値の衡量を終えているように思われる（例えば、「過失」という要件については、①被害者の権利保護と②加害者の行動の自由の保障という価値が衡量されているとも解される[35]。）。
　→そうであれば、目的手段審査の立証命題を規範的「要件」という用語を充てることには躊躇も覚える。このことは、実体的判断基準をある程度柔軟に決定する三段階審査論や判例の立場を踏まえると、より一層当てはまるように思われる。

35—潮見佳男『不法行為法Ⅰ〔第2版〕』（信山社、2009年）13頁参照。

3　結語

　憲法学には立法事実を巡る豊富な議論。その中には、要件事実論と類似の概念も存在するため、憲法訴訟の目的手段審査について、論証責任の分配を基に評価根拠事実・評価障害事実といった概念を用いて整理することは可能。

　ただし、憲法訴訟には通常の要件事実論が妥当しない特殊性。そのような特殊性も踏まえると、主張・反論ではなく要件事実論を踏まえて評価根拠事実・評価障害事実等の概念に置き換えることにどれだけの実益があるのか、疑問も残る。

講演3レジュメ

名誉毀損・プライバシー侵害の要件事実

佃　克彦

はじめに

「表現の自由の優越的地位」について（いかなる点で、なぜ"優越"なのか？）

第一　損害賠償請求（民法 709 条）

一　名誉毀損

1　請求原因

① Ｘの社会的評価を低下させる可能性のある事実の摘示または意見論評をすること

② ①の公表等によるＸの社会的評価の低下

③ ①・②についてのＹの故意または過失

④ 損害の発生及び損害額

⑤ ②と④との因果関係

＊判例

（ⅰ）最大判1986（昭和61）年 6 月11日（民集40巻 4 号872頁）

「人の品性、徳行、名声、信用等の人格的価値について社会から受ける客観的評価である名誉を違法に侵害された者は、損害賠償（民法710条）又は名誉回復のための処分（同法723条）を求めることができる……。」

（ⅱ）最三小判1997（平成9）年5月27日（民集51巻5号2024頁）

　「不法行為の被侵害利益としての名誉（民法710条、723条）とは、人の品性、徳行、名声、信用等の人格的価値について社会から受ける客観的評価のことであり（最高裁昭和56年（オ）第609号同61年6月11日大法廷判決・民集40巻4号872頁参照）、名誉毀損とは、この客観的な社会的評価を低下させる行為のことにほかならない。」

（ⅲ）最三小判1997（平成9）年9月9日（民集51巻8号3804頁）

　「新聞記事による名誉毀損の不法行為は、問題とされる表現が、人の品性、徳行、名声、信用等の人格的価値について社会から受ける客観的評価を低下させるものであれば、これが事実を摘示するものであるか、又は意見ないし論評を表明するものであるかを問わず、成立し得るものである。」

　2　抗弁

㈠　真実性・真実相当性の法理

①　Ｋｇ①の摘示事実が公共の利害に関する事実にかかること

②　Ｋｇ①の事実摘示が専ら公益を図る目的に出たものであること

③　a　Ｋｇ①の摘示事実が重要な部分について真実であること

　　　　または

　　　b　Ｋｇ①の摘示事実が真実であると信ずるについて相当な理由があること

＊判例

（ⅰ）最一小判1966（昭和41）年6月23日（民集20巻5号1118頁）

　「民事上の不法行為たる名誉棄損については、その行為が公共の利害に関する事実に係りもっぱら公益を図る目的に出た場合には、摘示された事実が真実であることが証明されたときは、右行為には違法性がなく、不法行為は成立しないものと解するのが相当であり、もし、右事実が真実であることが証明されなくても、その行為者においてその事実を真実と信ずるについて相当の理由があるときには、右行為には故意もしくは過失がなく、結局、不法行為は成立しないものと解するのが相当である……。」

（ⅱ）最三小判1997（平成9）年9月9日（民集51巻8号3804頁）

　「事実を摘示しての名誉毀損にあっては、その行為が公共の利害に関する事実に係り、かつ、その目的が専ら公益を図ることにあった場合に、摘示された事実がその重要な部分について真実であることの証明があったときには、右行為には違法性がなく、仮に右事実が真実であることの証明がないときにも、行為者において右事実を真実と信ずるについて相当の理由があれば、その故意又は過失は否定される（最高裁昭和37年（オ）第815号同41年6月23日第一小法廷判決・民集20巻5号1118頁、最高裁昭和56年（オ）第25号同58年10月20日第一小法廷判決・裁判集民事140号177頁参照）。」

☆定義づけ衡量による名誉権と表現の自由の調整。
☆真実性の立証対象を「重要な部分」のみに限定。

（二）　公正な論評の法理

①　Ｋg①の意見論評が公共の利害に関する事実にかかること
②　Ｋg①の意見論評の目的が専ら公益を図ることにあったこと
③　a　Ｋg①の意見論評の前提事実が重要な部分について真実であること
　　　　または
　　　b　Ｋg①の意見論評の前提事実が事実であると信ずるについて相当な
　　　　理由があること
④　Ｋg①の意見論評が意見論評としての域を逸脱していないこと

＊判例

（ⅰ）最三小判1997（平成9）年9月9日（民集51巻8号3804頁）

　「ある事実を基礎としての意見ないし論評の表明による名誉毀損にあっては、その行為が公共の利害に関する事実に係り、かつ、その目的が専ら公益を図ることにあった場合に、右意見ないし論評の前提としている事実が重要な部分について真実であることの証明があったときには、人身攻撃に及ぶなど意見ないし論評としての域を逸脱したものでない限り、右行為は違法性を欠くものというべきである……。そして、仮に右意見ないし論評の前提とし

ている事実が真実であることの証明がないときにも、事実を摘示しての名誉
毀損における場合と対比すると、行為者において右事実を真実と信ずるにつ
いて相当の理由があれば、その故意又は過失は否定されると解するのが相当
である。」

☆④の要件は必要か？

（三）　立証責任の転換
　（1）　真実性・真実相当性の法理に関する喜田村説
　　　（喜田村洋一「報道被害者と報道の自由」1999年179頁以下）
　　ア　抗弁
　　　　①　Ｋg①の摘示事実が公共の利害に関する事実にかかること
　　　　②　Ｘが「公人」であること

　　イ　再抗弁
　　　（ア）　再抗弁その１（公益性の否定）
　　　　　Ｋg①の事実摘示が専ら公益を図る目的に出たものであるとはいえ
　　　　ないこと
　　　（イ）　再抗弁その２（真実性・真実相当性の否定）
　　　　a　Ｋg①の摘示事実が重要な部分について真実でないこと
　　　　b　Ｋg①の摘示事実が真実であると信ずるについて相当な理由が
　　　　　あるとはいえないこと

☆「公人」概念を詰めていく必要性

　（2）　公正な論評の法理につき喜田村説に照らして立証責任を転換した場合
　　ア　抗弁
　　　　①　Ｋg①の意見論評が公共の利害に関する事実にかかること
　　　　②　Ｘが「公人」であること

　イ　再抗弁

　　(ア)　再抗弁その1（公益性の否定）

　　　Ｋg①の意見論評の目的が専ら公益を図ることにあったとはいえないこと

　　(イ)　再抗弁その2（真実性・真実相当性の否定）

　　　a　Ｋg①の意見論評の前提事実が重要な部分について真実でないこと

　　　b　Ｋg①の意見論評の前提事実が真実であると信ずるについて相当な理由があるとはいえないこと

　　(ウ)　再抗弁その3（意見論評の逸脱）

　　　Ｋg①の意見論評が意見論評としての域を逸脱していること

二　プライバシー侵害

1　請求原因

(一)　判例

① ＹによるＸのプライバシーを侵害する行為

② ①についてのＹの故意または過失

③ 損害の発生及び損害額

④ ①と③との因果関係

⑤ ①の情報を公表されない法的利益が、これを公表する理由よりも優越すること

＊判例

（ⅰ）東京地判1964（昭和39）年9月28日（判タ165号184頁・判時385号12頁）

　「プライバシーの侵害に対し法的な救済が与えられるためには、公開された内容が（イ）私生活上の事実または私生活上の事実らしく受け取られるおそれのあることがらであること、（ロ）一般人の感受性を基準にして当該私人の立場に立つた場合公開を欲しないであろうと認められることがらであること、換言すれば一般人の感覚を基準として公開されることによつて心理的な負担、不安を覚えるであろうと認められることがらであること、（ハ）一

般の人々に未だ知られていないことがらであることを必要とし、このような
公開によつて当該私人が実際に不快、不安の念を覚えたことを必要とする」。

（ⅱ）最二小判2003（平成15）年3月14日（民集57巻3号229頁）

「プライバシーの侵害については、その事実を公表されない法的利益とこ
れを公表する理由とを比較衡量し、前者が後者に優越する場合に不法行為が
成立する」。

☆⑤の要件は請求原因に必要か？

（二）　私見

① 一般人の感受性を基準にして当該私人の立場に立った場合に公開を欲し
　 ない情報を流布したこと

② ①についてのＹの故意または過失

③ 損害の発生及び損害額

④ ①と③との因果関係

2　抗弁

（一）　判例

公表されない法的利益よりも公表する理由が優越すること

☆プライバシー侵害の場合にも真実性・真実相当性の抗弁を認めるべきでは
　ないか？

（二）　私見

プライバシー侵害に対しても真実性・真実相当性の法理を抗弁として認める
べきであると考える。

① Ｋｇ①の情報が公共の利害に関する事実にかかること

② Ｋｇ①の情報の流布が専ら公益を図る目的に出たものであること

③ Ｋｇ①の情報が重要な部分について真実であること
　 または

Ｋｇ①の情報が真実であると信ずるについて相当な理由があること

第二　回復処分（民法 723 条）

一　名誉毀損

1　請求原因

① Ｘの社会的評価を低下させる可能性のある事実の摘示または意見論評をすること

② ①の公表等によるＸの社会的評価の低下

③ ①・②についてのＹの故意または過失

④ 損害の発生（※１）

⑤ ②と④との因果関係

⑥ 当該処分が名誉を回復するのに適当であること

※１　大江忠「第４版要件事実民法(6)法定債権」2015年372頁。「損害額」の主張立証は不要であり「損害」のみで足りるとする。

☆回復処分の要件として強度の違法性等を要求することの当否

2　抗弁

㈠　真実性・真実相当性の法理

第一の一 2㈠参照。

㈡　公正な論評の法理

第一の一 2㈡参照。

㈢　回復処分固有の抗弁

① 社会的評価の低下状態が口頭弁論終結時に存在していないこと（※１）

※１　岡口基一「要件事実マニュアル第５版第２巻民法２」2016年581頁は、

「名誉毀損状態が口頭弁論終結時に現存していること」を請求原因とする。

二 プライバシー侵害

1 判例

名誉毀損の場合以外の回復処分を認めない。

＊判例

（i）最二小判1970（昭和45）年12月18日（民集24巻13号2151頁）

「民法723条にいう名誉とは、人がその品性、徳行、名声、信用等の人格的価値について社会から受ける客観的な評価、すなわち社会的名誉を指すものであつて、人が自己自身の人格的価値について有する主観的な評価、すなわち名誉感情は含まないものと解するのが相当である。」

2 私見

虚偽の事実の摘示によるプライバシー侵害の場合は、虚偽の事実の摘示による名誉毀損の場合と区別する必要はなく、回復処分を認めるべきである。

また、真実の摘示によるプライバシー侵害の場合にも、回復処分を認めるべきである。

① 一般人の感受性を基準にして当該私人の立場に立った場合に公開を欲しない情報を流布したこと

② ①についてのYの故意または過失

③ 損害の発生

④ ①と③との因果関係

⑤ 当該処分が被害を回復するのに適当であること

第三　差止め

一　名誉毀損

1　請求原因

(一)　判例

表現行為の対象が公務員または公職選挙の候補者である場合につき判例がある（最大判1986（昭和61）年6月11日・北方ジャーナル事件）

① Xの社会的評価を低下させる可能性のある事実の摘示もしくは意見論評が公表等されることによりXの社会的評価が低下する虞があることまたは公表等されたことによりXの社会的評価が低下したこと

② a　①の表現内容が真実でないことが明白であること

　　または

　　b　①の表現行為が専ら公益を図る目的のものでないことが明白であること

③ ①の公表によりXが重大にして著しく回復困難な損害を被る虞があること

＊判例

（ⅰ）最大判1986（昭和61）年6月11日（民集40巻4号872頁）

「人の品性、徳行、名声、信用等の人格的価値について社会から受ける客観的評価である名誉を違法に侵害された者は、……人格権としての名誉権に基づき、加害者に対し、現に行われている侵害行為を排除し、又は将来生ずべき侵害を予防するため、侵害行為の差止めを求めることができるものと解するのが相当である。」

「出版物の頒布等の事前差止めは、……その対象が公務員又は公職選挙の候補者に対する評価、批判等の表現行為に関するものである場合には、そのこと自体から、一般にそれが公共の利害に関する事項であるということができ、……当該表現行為に対する事前差止めは、原則として許されないものといわなければならない。ただ、右のような場合においても、その表現内容が真実でなく、又はそれが専ら公益を図る目的のものでないことが明白であつ

て、かつ、被害者が重大にして著しく回復困難な損害を被る虞があるときは、……例外的に事前差止めが許されるものというべきであ（る）」。

☆②で表現者の主観的目的を問うことの当否
☆③の回復困難性は保全の必要性の要件か、本案訴訟でも必要か？

（二）　私見
①　Xの社会的評価を低下させる可能性のある事実の摘示もしくは意見論評が公表等されることによりXの社会的評価が低下する虞があることまたは公表等されたことによりXの社会的評価が低下したこと
②　a　①の表現内容が公共の利害に関する事実にあたらないことが明白であること
　　または
　　b　①の摘示事実もしくは意見論評の前提事実が真実でないことが明白であること
③　①の公表によりXが重大にして著しく回復困難な損害を被る虞があること

二　プライバシー侵害
1　請求原因
（一）　判例
プライバシー権に基づく差止めの結論を是認する最高裁判例はあるが、差止めの要件を明示したものはない。
下級審裁判例も、差止めの要件については軌を一にするところがない。

＊判例
（ⅰ）最三小判2002（平成14）年9月24日（集民207号243頁）
「原審の確定した事実関係によれば、公共の利益に係わらない被上告人のプライバシーにわたる事項を表現内容に含む本件小説の公表により公的立場にない被上告人の名誉、プライバシー、名誉感情が侵害されたものであって、本件小説の出版等により被上告人に重大で回復困難な損害を被らせるおそれ

があるというべきである。したがって、人格権としての名誉権等に基づく被上告人の各請求を認容した判断に違法はな……い」。

☆差止めの要件を名誉毀損の場合と違える必要はあるのか？

㈡　私見
差止めの要件は、名誉毀損の場合と同様でよいものと解する。
① 一般人の感受性を基準にして当該私人の立場に立った場合に公開を欲しない情報を流布される虞があることまたは流布されたこと
② a　①の表現内容が公共の利害に関する事実にあたらないことが明白であること
　　または
　b　①の情報が真実でないことが明白であること
③ ①の公表によりXが重大にして著しく回復困難な損害を被る虞があること

コメント

渡辺　康行

嘉多山　宗

コメント1

渡辺康行

1　本講演会の意義

「憲法と要件事実」というテーマは、これまでまったく論じられてこなかっ
た。立法事実論と要件事実論の関係や、憲法事件の審理における事案の解明義
務などは語られたことがなかった。本講演会が、要件事実論や事案の解明義務
の理論は、憲法学にとっていかなる意義をもち、あるいはもたないのかという
未開拓の課題に挑戦していることは、大変意義がある。それぞれのテーマに関
する専門家の講演に、まったくの素人の私が適切なコメントをすることは難し
いが、後に予定されている質疑応答のご参考までに、手短にお話ししたい。

2　巽報告について

巽先生の論文では、「違憲性要件を基礎づける具体的な評価根拠事実／障害
事実のレベルに属する立法事実……と、違憲性要件の充足の有無を判断するた
めの経験則のレベルに属する立法事実……とは、少なくとも区別されるべき」
だとされている[1]。立法事実に少なくとも二種が区別されうるという整理は、
大変貴重である。しかし、この二種類の立法事実は本当にそれほど明確に区別
できるのか、裁判所は実際に区別しているのか、という素朴な疑問が生ずる。
そして巽先生も、今日の講演の前半部分で「法問題と事実問題の相対化」につ
いて語り、「典型的な事実問題または法問題に妥当する規律のパッケージを二
者択一的に妥当させるのが妥当ではないという問題意識」に共感されている。
この二者択一ではないという指摘と、先ほど紹介した立法事実に二種類がある

1—巽智彦「公法関係訴訟における事実認定について」成蹊法学85号（2016年）131頁。この関連で、
　薬事法判決が例として分析されている。これに対して、この判決における立法事実論の正体は、「立
　法者ができるかぎり正確な評価を求めて入手可能な認識源を利用し尽くしていないことを非難して
　いるものである」、と捉え直す見解もある。参照、宍戸常寿「立法の『質』と議会による将来予測」
　西原博史編『立法学のフロンティア2　立法システムの再構築』（ナカニシヤ出版、2014年）67頁。

という指摘との関係について、補足的にご説明いただきたい。

　先ほど触れた論文では、ドイツ連邦憲法裁判所は、「憲法問題に関する事実認定権限を、広汎な職権主義の下で積極的に行使している」ことが指摘されている[2]。そのうえで本日は、日本の最高裁も、実は「憲法問題の審理に際して、しばしば独自に、すなわち下級審段階で主張立証されていないものであっても、事実認定を行っている」とされた。これらでいわれる「事実」とは、先ほど部分的にご紹介した「事実」のいずれに相当するのか、あるいはすべてを含むのか。

　これまでの立法事実に関する研究のなかでは、一方で、立法事実について「いかに社会科学的証拠を訴訟過程に導入し、裁判官がどれだけ証拠の科学的妥当性を判断すべきかといった観点からの研究」が推奨されている[3]。しかし他方では、「科学的・実証的証拠を示さないという点に、立法事実変遷論の強みがある」、と説かれることもある[4]。この争点についてどのように考えるか。

　巽先生の研究に対しては、「精緻な事実認定論を練り上げていく」よりも、「ある程度融通無碍に事実認定ができることで、積極的な違憲審査が可能になる」[5]、「立法事実について厳密な立証を要求するとなると、憲法判断が非常に窮屈にな」る[6]、といった見解が示されている。このような懸念をいかに考えるか。

3　御幸報告について

　先行する論稿では、国籍法違憲判決を素材として、「『非嫡出子の出生数が1万4168人から2万1634人に増加した』という事実は、過去に確定した事実」であるのに対して、「どの程度までいけば『家族生活や親子関係をめぐる社会通

2―巽・前掲注1論文124頁。
3―渡辺千原「法を支える事実」立命館法学333＝334号（2010年）1806頁。
4―坂田隆介「最高裁と『司法的ステイツマンシップ』論」立命館法学366号（2016年）10頁。宍戸・前掲注1論文75頁も、「最高裁は判決文で立法事実の確定の根拠となる資料を挙げておらず、……憲法訴訟の現場における『立法事実』とは一貫して科学的認識ではなく規範的評価の問題だった」、という。
5―石川健治ほか「座談会／『十字路』の風景」石川ほか編『憲法訴訟の十字路』（弘文堂、2019年）423頁［山本龍彦発言］。
6―石川ほか・前掲注5書423頁［泉徳治発言］。

念及び社会的状況の変化』ありと認定するかという問題はまさに評価の問題であり、法律の合理性に関する事実にはこのような評価の要素が含まれる」、と指摘する。そのうえで、「法律の合理性に関する事実には（少なくとも）このような二つの要素が混在している」とされ、巽論文による二つの立法事実の区分論が引照されている[7]。これは同じ見解として引用しているのか、そうではないのか。

今日の報告では「要件効果モデルではなく、目的手段モデルでの利益衡量という判断枠組みこそが基本権制約の合憲性判断枠組みにて採用されている」ため、「主張・反論ではなく要件事実論を踏まえて評価根拠事実・評価障害事実等の概念に置き換えることにどれだけの実益があるのか」、という疑問が出されている。この点は巽報告との違いであり、本日のメイン・テーマをなす。

それについてはこれから議論が深められることと思うが、その前提となる整理にコメントしたい。報告のなかでは、違憲審査基準論と三段階審査論（特に比例原則論）が対比され、違憲審査基準論とは異なり三段階審査論は論証責任を考慮していない、と指摘されている。確かにドイツ法的思考では、実体法の解釈が重視されている。しかし、ドイツにおいても「論証責任ルール」論には、議論の蓄積がある[8]。またそれを踏まえて、日本において「論証責任ルール」をどのように考えるかについては、三段階審査論のなかで明示的な議論は交わされていないが、潜在的な見解の違いはある。基本的には、制約される権利の重要性と制約の程度などを考慮して、個別的に「論証責任」を配分するという考え方が採られていると思われるが、アメリカ的発想を取り入れて、権限配分論的な「論証責任ルール」を採用する見解もありうるだろう。

日本の裁判例のなかから、醜状障害について男女で等級を分ける障害等級表の別異取扱いの合憲性が争われた事件の判決において、合憲性の論証責任が国に負わされていることが紹介されている。確かに京都地裁は論証責任を国に負

7—御幸聖樹「憲法訴訟における立法事実論の現状と展望」論ジュリ29号（2019年）180頁。

8—渡辺康行「『憲法』と『憲法理論』の対話（六・完）」国家学会雑誌114巻9＝10号（2001年）30頁、56頁以下、同「憲法学における『ルール』と『原理』区分論の意義」樋口陽一ほか編『栗城壽夫先生古稀記念・日独憲法学の創造力　上巻』（信山社、2003年）7頁など。日本法に導入を計るものとして、松本和彦「公法解釈における諸原理・原則の対抗」公法研究81号（2019年）60頁以下など。もっとも、御幸報告と松本論文における「論証責任ルール」の理解は、同じではない可能性がある。

わせているが、当該別異取扱いについて、その策定理由には根拠がないとはいえない、と判断したものである[9]。要求されている論証の程度は低いため、論証責任を国に負わせた唯一の裁判例として挙げるほど画期的なものだったのか。

立法事実の顕出手続について、当事者以外の第三者から法律の合理性に関する事実を提供させる手段として、①法務大臣権限法4条の活用と、②アミカスの創設が提唱されることは一般的である。また日本版アミカスとして、知財高裁の事例[10] が挙げられるのも通例ではある。しかしこの事件で意見募集されたのは、法的な論点だった。なぜこれを立法事実の顕出手続として好意的に扱うのか。

憲法訴訟における裁判所の役割として、①当該事件の解決か、②統一的な法宣言かが対比され、論証責任を強調するかどうかはその点に関わるとされている箇所では、①の立場が選択されているように思える。これに対し先行する論稿では、立法事実の顕出手続について、法律の合理性に関する事実は当事者が最もよく知っている類のものではないとされ、そこでは②の立場が重視されているように見える[11]。こう理解してよいか。仮にそうだとしても、それは矛盾という必要はなく、二つのアプローチを場面に応じて採り分けていこうという態度は、十分にありうる。ただし先行論文では「どちらを理想と考えるかについての議論を深め、そのようなアプローチに沿った改善案を検討していくことが必要」だ[12]、つまり二者択一だ、としていたことと平仄が合わない恐れはないか。

4 佃報告について

第一に、「公人」概念について。ご著書では、「日本の判例法理は、『公人か私人か』というように当該言論の被害者（主体）に焦点を当てた議論」をしてこなかったため、「『公人か私人か』という議論は、わが国においては、少なく

9—京都地判平成22・5・27判時2093号72頁。この判決が違憲としたのは、別異取扱いの程度の甚だしさだった。この判断の仕方は、尊属殺違憲判決の系譜を継ぐものである。渡辺康行「尊属殺重罰と法の下の平等」長谷部恭男ほか編『憲法判例百選Ⅰ〔第7版〕』（有斐閣、2019年）57頁。
10—知財高判平成26・5・16判タ1402号166頁①事件。
11—御幸・前掲注7論文184頁。
12—御幸・前掲注7論文186頁。

とも法的にはあまり実益のある議論ではない」、とされる。そしてそのうえで、「『公人か私人か』の区別は、その人の家族的身分や社会的地位から一般的・静的に定まるものではな」い、と述べる[13]。この指摘は説得的だが、「公人」概念が「"被害者の属性は重要な判断要素の一つである"という注意喚起には役立つ」ことは承認している。この点にも共感できるが、他方で、公人と一般人を区別することに対しては、「名誉を尊重する人々を政治の世界から排除する効果をも持つ」[14]、という著名な批判があることをどう考えるか。

　第二に、「公正な論評の法理」に関して。「新・ゴーマニズム宣言」事件に関する最高裁判決は、④要件の判断のなかで、XはY（漫画家）をXの著作のなかで厳しく批判しており、これに対する反論であることを、Yの表現が「意見ないし論評の域を逸脱していない」と判断する一つの手がかりとしている[15]。このようにある表現の適法性を全体の文脈のなかで判断することは必要だと思われるが、④要件を不要とする場合にはどこでこの事情を考慮するのか。また④要件を再抗弁に回すという提案との関係では、正当な反論だということは抗弁にふさわしいように思えるがいかがか。また著書では、「論評によるプライバシー」侵害を認め、かつプライバシー侵害についても④要件による免責を承認している[16]。しかし、どのような場合に「論評によるプライバシー侵害」が生ずるのか。また、名誉毀損については④要件を再抗弁に回すのに対して、プライバシー侵害については抗弁に位置づけている理由は何か。

　第三は、「一般人の感受性」という基準について。プライバシー侵害の判断に際して「一般人の感受性」が基準とされ、それは「事実認定の問題」だと捉えられている[17]。しかし、果たして「一般人の感受性」は事実問題なのか、もしそうだとすればどのように事実認定するのか、多数によって決まるように定式化することが適切か[18]。この疑念に対しては、「表現の自由との調整の法

13―佃克彦『名誉毀損の法律実務〔第3版〕』（弘文堂、2017年）473頁以下。
14―長谷部恭男『憲法〔第7版〕』（新世社、2018年）157頁。
15―最判平成16・7・15民集58巻5号1615頁。
16―佃克彦『プライバシー権・肖像権の法律実務〔第2版〕』（弘文堂、2010年）129頁。
17―佃・前掲注16書52頁。
18―「一般人の感受性」と類似した概念として「社会通念」がある。この概念に関する考察として、渡辺康行「違憲審査の正当性と〈コンセンサス〉ないし〈社会通念〉」ジュリスト1022号（1993年）129頁以下。

理……における『公共』性の検討のところで適切に斟酌すればよい」との回答
が想定されるが[19]、そうなると、表現の自由との調整の場面に、それとは別
の問題を組み込むことにならないか。このような疑問が生ずるのは、「一般人
の感受性」によって判断されるのがプライバシーに対する侵害の有無だ、と考
えられていることにも関わっている。もしこの概念を使うのであれば、むしろ
プライバシー権によって保護されているか否かの判断に関してではないか[20]。

19—佃・前掲注16書53頁、194頁以下。

20—渡辺康行「書評：長谷部恭男『憲法学のフロンティア』」長谷部恭男編『憲法本41』（平凡社、
　　2001年）160頁以下で触れたように、この論点は難しい問題を含んでいる。山野目章夫「私法とプラ
　　イバシー」田島泰彦ほか［編著］『表現の自由とプライバシー』（日本評論社、2006年）24頁は、「プ
　　ライバシーは、〈あなたが知られたくないと考えることが正当な事柄である〉かどうかにより決せら
　　れるべき」、という。

コメント2[-1]

嘉多山　宗

1　巽報告について

(1)　事実審と上告審——立法事実の認定に関する裁判官の述懐から

　ALS 選挙権訴訟東京地裁判決[-2] についての福田剛久裁判長の回顧は、事実審の審理においては、立法事実の認定も通常のプラクティスの中で行われていることを示している[-3]。

　他方、国籍法違憲判決[-4] についての泉徳治裁判官の発言は、上告審の審理における立法事実の認定の特殊性を強調している[-5]。

　この点につき、時国康夫裁判官は、事実審における立法事実の顕出の重要性を次のように指摘する[-6]。

　　「立法事実を裁判所に顕出するに当り、公刊された文献上の資料のみに依拠する場合には、ブランダイス・ブリーフ方式でよいわけであるが、文献上の資料に全部又は一部依拠し難い場合には、証拠調の権能のある事実審で証人とか鑑定人とか鑑定書とかいった通常の立証方法により立法事実を顕出することが必要となる」、

　　「事実審で、憲法判断に必要なすべての立法事実が顕出されていることが

1—本要旨は、講演会では時間の関係で触れられなかった部分も掲載している。なお、コメント中の要件事実論に関する記述の多くは、本講演会の企画段階での口頭もしくはメールでの協議の際に、伊藤滋夫顧問から頂いた助言や示唆に依拠している。特に記して御礼を申し上げたい。

2—東京地判平成14年11月28日判タ1114号93頁。

3—その後、最高裁で民事事件担当の上席調査官を務めた福田剛久元判事（元高松高裁長官、弁護士）による回顧（同「判例の形成と学説」伊藤眞ほか編『これからの民事実務と理論』（民事法研究会、2019年）51頁〔61頁〕）。

4—最大判平成20年6月4日民集62巻6号1367頁。

5—同事件で補足意見を記した泉徳治元最高裁判事の座談会における発言（石川健治＝山本龍彦＝泉徳治「座談会／『十字路』の風景—最高裁のなかのドイツとアメリカ」同編『憲法訴訟の十字路——実務と学知のあいだ』（弘文堂、2019年）389頁〔422頁〕）。

6—時国康夫「憲法訴訟における立法事実論の位置づけ」同『憲法訴訟とその判断の手法』（第一法規出版、1996年）53頁〔67頁、68頁〕（初出1980年）。

理想である」、

　「事実審において憲法判断に必要な立法事実の顕出の努力が十分なされず、不十分な立法事実しか記録中に見当たらないのに、連邦最高裁が、法律の憲法適合性の判断を強いられる例が少なくない」

では、ドイツ連邦憲法裁判所における事案解明の知見は、「事実審」における審理の充実にいかなる示唆を与えるか。

(2)　「訴訟物」と「憲法適合性判断の対象」との関係について

　在外選挙権訴訟[7]や再婚禁止期間事件[8]など、法令の憲法適合性についてまず独立して判断した後、訴訟物の存否について判断するというスタイルの最高裁判決[9]に見られるように、裁判官の判断の構造としては、法令審査における憲法適合性は、（訴訟物類似の）独立した判断対象として捉えているのではないか。そのように捉える場合、この「憲法適合性判断の対象」の性質をどう考えるかが問題となろう。

　憲法適合性を独立した判断対象と捉える場合、通常の民事訴訟における訴訟物の存否の判断とは異なる面もあるが、裁判官の判断の構造を分析する上で要件事実論は有用である[10]。

(3)　「法問題と事実問題」について

　「法問題と事実問題の区別」についての基本的な考え方としては、当事者に任せておくべき性質のことについて当事者が主張立証責任を負うものとし、そうでないものについて同責任を負わないものと考える。

　立法事実については、例えば、法令の立法理由のような一般的な立法事実[11]については、弁論主義の適用はなく、裁判所は当事者の主張しない立法事実を判断の基礎とすることもできるし、当事者の自白にも拘束されないと考

7―最大判平成17年9月14日民集59巻7号2087頁。
8―最大判平成27年12月16日民集69巻8号2427頁。
9―このような判断の仕方は、違憲審査権に由来する憲法上の要請か、付随的審査制と整合しないのではないかといった憲法上の問題や、憲法違反が上訴理由となる上告審に特有のものか、事実審にも妥当するのかといった訴訟法上の問題もある。
10―要件事実論の汎用性については、伊藤滋夫「要件事実論の汎用性を示す要件事実論と基礎法学の協働に関する一考察」同編著『要件事実論と基礎法学』（日本評論社、2010年）1頁参照。
11―この種の立法事実には、公知の事実、確実で争う余地がない事実であって、立証責任が問題とならないことも多いと思われる。その場合でも、関連する別の立法事実を当事者が提出することも考えられるから、不意打ちを防止し、当事者の弁論の機会を保障することが必要であろう。

える。このような立法事実についても、当事者による資料の提出は認められるが、裁判所は、職権で探知することもできるし、それが要求される場合もある[12]。

　他方で、立法事実であっても、弁論主義が妥当し、当事者が主張立証責任を負う場合はあり得ると考える。

(4)　「法問題の立証責任？」について（立法事実の立証責任）

　憲法適合性判断に必要な要件事実が職権探知の妥当する立法事実であったとしても、職権で探知してもなお、立法事実が存否不明という場合にどう扱うか（その立法事実を存在するものとして扱うのか、存在するものとしては扱わないのか。）、また、どのように法的判断をするのかという立証責任の考え方は必要となる。問題は、それぞれの事件において、憲法適合性を判断するために必要で、立証を要する事実（それが立法事実であることはあり得る。）が何であり、その立証責任の負担者をどのように決定するか、その基準をどのように考えるかである。

　この点、「立法事実論の再構成——事実認定論からみた違憲審査」[13]における検討は、事実認定論の観点から、これまで「論証責任」や「合憲性の推定」といった概念で論じられてきたことの意味内容を分析し、違憲審査基準論との関係を論ずるものであり、立証責任対象事実の決定という要件事実論の見地からも極めて興味深い。

2　御幸報告について

(1)　事実審と上告審

　御幸報告における「立法事実」の顕出に関する説明は、米国連邦憲法裁判所に範を採った上告審における憲法判断を想定しているようにも思われるがどうか。

(2)　憲法適合性判断に必要な事実

　憲法適合性判断を要する全ての事件について、立証責任が問題となるわけで

12—憲法訴訟における立法事実について、裁判所が、どのような場合に、どこまでの探知をする必要があるか（探知義務の問題）は、憲法論としても検討されるべき課題であろう。

13—前掲注5書『憲法訴訟の十字路』1頁以下〔特に8頁以下〕。

はない。ある法令が憲法に適合するかどうかを事実とは無関係になし得る場合[14] や、判断に必要な立法事実の存在が明らかで、立証責任がどちらにあるかを考える必要がない場合は、立証責任論が働く場面ではない。

　他方で、法令審査であっても、憲法適合性判断のために必要な事実で、その立証ということを考えなければならないものもあるはずである。御幸報告では、「法令審査は法の解釈に当たるため、事実認定についての訴訟法の規律は適用されない。法令審査における論証責任の分配はあくまで憲法論として語られてきたのであり、要件事実論の立証責任の分配とはこの点で異なる。」とされているが（本書124頁）、そのように截然と分けることはできないと考える。

　(3)　「結語」について

　御幸報告は、「論証責任」について、「事実上、違憲ないし合憲を主張する当事者が裁判所に相当の根拠を抱かせるに努めざるをえないということ」を意味し、「訴訟法上の挙証責任とは異なる概念」とされている（本書121頁。ここに「挙証責任」とあるのは「立証責任」と同義と考えられるので、以下では「立証責任」という。）。では、憲法訴訟論は「立証責任」の問題についてはどう考えるのか。すなわち、憲法判断に必要な事実が存否不明の場合には、どのように判断するのか。そのような問題は生じない、と考えるのか。

　例えば、在外邦人国民審査権訴訟[15] において、証拠調べをしても、「投票用紙の調製や送付についての技術上の問題」の存否について心証を形成できなかった場合に、裁判所は、この立法事実をあるものとして扱うべきなのか、あるものとしては扱わないのが正しいのか。事実の存否が不明な場合にいずれかの当事者が立証責任を負うかを決めなければ、「やむを得ないと認められる事由」の有無を判断することはできないのではないか。要件事実論の基本は、この「立証責任対象事実」を決定し、その法的判断の構造を明らかにするところにある。

　法令審査における憲法適合性判断には、通常の民事訴訟とは異なる特色があるとしても、そのことは、立証責任対象事実を決定する基準が不要になることを直ちには意味しない。法令審査であっても、裁判所が、事実を認定し、法を

14—「狭義の文面審査」にはそのような場合が多いであろう。
15—東京地判令和1年5月28日判時2420号35頁。

適用して、対立当事者間の争いを裁定するという判断である限り、立証の公平ということを考える必要があり、いずれの当事者に立証責任を負担させるのが公平であるかは、それがいかに困難な作業であったとしても、憲法の解釈による以外にあるまい。求められているのは、憲法判断の特殊性を踏まえた上で、いかにして立証責任対象事実を決定するかの基準を明らかにすることではないだろうか。

　上に挙げた在外邦人国民審査権訴訟についていえば、「技術上の問題」が存否不明であれば、その事実は存在したものとは扱わず、それを基礎にすると「やむを得ないと認められる事由」は否定されるという判断になると思われるが、そのような判断が妥当と考えられるのは、ALS訴訟や在外選挙権訴訟における裁判官の実践により先例として形成された「やむを得ない事由」という判断基準が、争いのある立法事実についての立証の公平まで考えたものだからではないかと思われる（在外邦人の国民審査についても同様に考えるかは、憲法の解釈によって、改めて検討することになる。）。

　違憲審査基準論などの憲法学説の蓄積は、憲法訴訟における立証責任対象事実の決定基準を考えるにあたっても多くの恵みをもたらしてくれるはずであるが、そのためには、巽報告において「法問題と事実問題」として論じられている点の分析や、立証の公平という視点での検証などを行う必要があるように思われる。

3　佃報告について

(1)　不法行為に基づく損害賠償請求権の要件事実及び人格権に基づく差止請求の要件事実との関係

　名誉毀損及びプライバシー侵害に基づく損害賠償請求については、不法行為に基づく損害賠償請求権（民法709条）の一般的な要件事実を前提とした上で、実体法の制度趣旨から主張立証責任対象事実を決定する必要があり、その際に、表現の自由と名誉権・プライバシー権という憲法上の利益の相克が影響を及ぼすことになろう。

　人格権に基づく差止請求についても、例えばプライベートな空間への侵入のような場合を想定して一般的な要件事実を考えた上で、加害行為が表現行為で

ある場合について、損害賠償請求の場合と同様の作業を行うことになると考える。

(2)　「評価的要件」の問題について

損害賠償請求、名誉回復処分、差止請求のいずれについても、その実体法上の要件には「評価的要件」と捉えるべきものがある。

名誉毀損における「Xの社会的評価の低下」（そのような低下があったことを示す具体的事実は、「Yの行為が違法であることの評価根拠事実」と位置づけられると考える。）は、事実的要件と考えるか、評価的要件と考えるかが問題となろう。

(3)　訴訟物の違いによる要件事実の相違について

損害賠償請求、名誉回復処分、差止請求という訴訟物の違いによって、要件事実の内容が異なるか、異なるとしてその理由はどこにあるのかという問題がある。例えば、表現内容の真実性に関する要件事実は、差止請求の場合と、損害賠償請求の場合とでは異なる。その理由を、憲法論、要件事実論の双方から検討する必要があろう。

要件事実論・事実認定論
関連文献

山﨑　敏彦

永井　洋士

要件事実論・事実認定論関連文献　2019年版

山﨑敏彦

永井洋士

　この文献一覧は、要件事実論・事実認定論を扱っている文献を、これまでと同様に、大きく、要件事実論に関するもの（Ⅰ）、事実認定論に関するもの（Ⅱ）（(1)民事、(2)刑事、(3)その他）に分けて、著者五十音順・発行順に整理したものである。収録対象は、ほぼ2018年末から2019年末までに公にされた文献である。関連文献の取捨・整理における誤り、重要文献の欠落など不都合がありはしないかをおそれるが、ご教示、ご叱正を賜りよりよきものにしてゆきたいと考える。

Ⅰ　要件事実論

伊藤滋夫 編

『医療訴訟と要件事実［法科大学院要件事実教育研究所報第17号］』（日本評論社、2019年3月）

伊藤滋夫

「要件事実・事実認定論の根本的課題——その原点から将来まで（第21回）保証債務②：新民法（債権関係）における要件事実の若干の問題」ビジネス法務19巻3号133頁以下（2019年3月）

伊藤滋夫

「要件事実・事実認定論の根本的課題——その原点から将来まで（第22回）売買：新民法（債権関係）における要件事実の若干の問題」ビジネス法務19巻7号150頁以下（2019年7月）

伊藤滋夫

　「要件事実・事実認定論の根本的課題——その原点から将来まで（第23回）売買②：新民法（債権関係）における要件事実の若干の問題」ビジネス法務19巻 9 号128頁以下（2019年 9 月）

伊藤滋夫

　「要件事実・事実認定論の根本的課題——その原点から将来まで（第24回）貸借（賃貸借を中心として）①：新民法（債権関係）における要件事実の若干の問題」ビジネス法務19巻11号139頁以下（2019年11月）

伊藤滋夫

　「要件事実・事実認定論の根本的課題——その原点から将来まで（第25回）貸借（賃貸借を中心として）②：新民法（債権関係）における要件事実の若干の問題」ビジネス法務20巻 1 号137頁以下（2020年 1 月）

伊藤眞

　「コメント 1 」伊藤滋夫編『医療訴訟と要件事実［法科大学院要件事実教育研究所報第17号]』61頁以下（日本評論社、2019年 3 月）

伊藤眞

　「コメント要旨 1 」伊藤滋夫編『医療訴訟と要件事実［法科大学院要件事実教育研究所報第17号]』128頁以下（日本評論社、2019年 3 月）

岩﨑慎

　「〔講演 3 〕転医義務の要件事実的考察」伊藤滋夫編『医療訴訟と要件事実［法科大学院要件事実教育研究所報第17号]』49頁以下（日本評論社、2019年 3 月）

岩﨑慎

　「講演 3 　レジュメ」伊藤滋夫編『医療訴訟と要件事実［法科大学院要件事実

教育研究所報第17号]』118頁以下（日本評論社、2019年3月）

大江忠

　『第4版　要件事実民法(1)　総則〈補訂版〉』（第一法規、2019年12月）

大江忠

　『第4版　要件事実民法(8)　相続〈補訂版〉』（第一法規、2019年10月）

大島眞一

　『完全講義　民事裁判実務の基礎（第3版）上巻』（民事法研究会、2019年3月）

加賀謙治

　「開会の挨拶」伊藤滋夫編『医療訴訟と要件事実［法科大学院要件事実教育研究所報第17号]』4頁以下（日本評論社、2019年3月）

加藤新太郎

　『要件事実の考え方と実務（第4版)』（民事法研究会、2019年12月）

河村浩

　「行政処分の処分要件の論理的構造と要件事実——取消訴訟の攻撃防御方法の基本的構造」法律時報91巻11号80頁以下（2019年10月）

佐藤健

　「PROLEG：論理プログラミングによる民事訴訟における要件事実論の実装（特集 AI と司法書士)」THINK：司法書士論叢117号61頁以下（2019年3月）

佐藤孝一

　「金地金交換・保管取引の法的性質は交換・保管という混合契約であるが、実質的には混蔵寄託であるとして、譲渡所得課税を取り消した事例——課税

要件事実の認定基準を中心として」月刊税務事例51巻11号13頁以下（2019年11月）

島田新一郎
「閉会の挨拶」伊藤滋夫編『医療訴訟と要件事実［法科大学院要件事実教育研究所報第17号］』91頁以下（日本評論社、2019年3月）

髙橋譲
「コメント2」伊藤滋夫編『医療訴訟と要件事実［法科大学院要件事実教育研究所報第17号］』67頁以下（日本評論社、2019年3月）

髙橋譲
「コメント要旨2」伊藤滋夫編『医療訴訟と要件事実［法科大学院要件事実教育研究所報第17号］』130頁以下（日本評論社、2019年3月）

中村知己
『新債権法における要件事実と訴状記載のポイント』（新日本法規出版、2019年3月）

山口斉昭
「〔講演1〕要件事実論的視点から見た医療水準論」伊藤滋夫編『医療訴訟と要件事実［法科大学院要件事実教育研究所報第17号］』6頁以下（日本評論社、2019年3月）

山口斉昭
「講演1　レジュメ」伊藤滋夫編『医療訴訟と要件事実［法科大学院要件事実教育研究所報第17号］』96頁以下（日本評論社、2019年3月）

米村滋人
「〔講演2〕医療過誤訴訟における権利法益侵害・損害の要件事実」伊藤滋夫

編『医療訴訟と要件事実［法科大学院要件事実教育研究所報第17号］』25頁
以下（日本評論社、2019年 3 月）

米村滋人

「講演 2 レジュメ」伊藤滋夫編『医療訴訟と要件事実［法科大学院要件事実
教育研究所報第17号］』107頁以下（日本評論社、2019年 3 月）

Ⅱ　事実認定論

（1）　民事

門口正人

「最高裁判例の示す合理的意思解釈：契約解釈をめぐる『事実認定』と『評
価』（特集 起案・審査の第一歩　契約解釈の技術）」ビジネス法務20巻 1 号
18頁以下（2020年 1 月）

土屋文昭・林道晴 編

『ステップアップ民事事実認定（第 2 版）』（有斐閣、2019年11月）

村田渉 編著

『事実認定体系　契約総論編』（第一法規、2019年12月）

（2）　刑事

浅香竜太・荒金慎哉

「実例を題材にした主張整理、事実認定等裁判所の訴訟運営、判断の在り方
に関する研究（大阪刑事実務研究会）責任能力（東京高裁平28.5.11判決）」
判例タイムズ70巻 3 号28頁以下（2019年 3 月）

伊藤淳

「（外国法制・実務）ラオスの刑事事実認定を巡る状況――ラオスにおける刑
事事実認定の適正化に向けて必要な方法論の一考察」ICD NEWS（法務省

法務総合研究所国際協力部報）78号23頁以下（2019年 3 月）

伊東秀子

「日弁連支援事件　恵庭殺人事件：エネルギー保存則に明白に反した事実認定」再審通信117号13頁以下（2019年 5 月）

宇藤崇

「過失犯における事実認定と訴因の構成」研修856号 3 頁以下（2019年10月）

島戸純

「危険運転致死傷罪の妨害態様類型に関する事実認定について（特集 悪質・危険運転の現状と今後を考える（上））」警察学論集72巻 1 号13頁以下（2019年 1 月）

髙山巌

「検証刑事裁判（第 2 回）共犯者証言の不自然さ・不合理さを見過ごして不合理な事実認定をした判決（奈良地裁平28.7.4）」季刊刑事弁護97号168頁以下（2019年 1 月）

武田義徳・三澤節史

「実例を題材にした主張整理、事実認定等裁判所の訴訟運営、判断の在り方に関する研究（大阪刑事実務研究会）量刑（大阪高裁平28.8.25判決）」判例タイムズ70巻 8 号 5 頁以下（2019年 8 月）

玉本将之

「刑事判例研究（496）被告人の検察官に対する自白供述の信用性の補助証拠として採用した取調べの録音・録画記録により直接的に被告人の犯人性に関する事実認定を行ったとして、原審の訴訟手続に法令違反があるとされた事例（東京高裁平成30.8.3判決）」警察学論集71巻11号176頁以下（2018年11月）

豊崎七絵

「今市事件控訴審判決における事実認定上の問題点：情況証拠による刑事事実認定論(5)」法政研究85巻3・4合併号245頁以下（2019年3月）

稗田雅洋

「同種前科による事実認定（最判平成24・9・7）（特集 講義・刑事訴訟法の重要判例)」法学教室470号25頁以下（2019年11月）

深沢茂之

「刑事事実認定重要事例研究ノート（第42回）類似事実等による刑事事実認定について」警察学論集72巻5号129頁以下（2019年5月）

村井敏邦

「刑事裁判における事実認定者の責任（刑事法のなかの憲法(21)」時の法令2065号45頁以下（2019年1月）

吉村典晃

「刑事事実認定重要事例研究ノート（第43回）アリバイの有無に関する事実認定について」警察学論集72巻6号105頁以下（2019年6月）

渡邉英敬・野上小夜子

「刑事事実認定重要事例研究ノート（第41回）前科証拠等による事実認定について」警察学論集71巻12号160頁以下（2018年12月）

　(3)　その他
西谷斉

「国際裁判における科学的事実認定——科学的知見の可変性と予防原則の関係を中心に」近畿大学法学66巻3・4合併号161頁以下（2019年3月）

西山博明

「資本的支出と修繕費の区分に関する一考察　事実認定に係る問題を中心に」創価大学大学院紀要40号17頁以下（2019年5月）

宮崎裕士

「馬券の払戻金に係る所得区分における所得計算上の問題点：一時所得該当性における回収率及び客観性の事実認定を端緒として」企業経営研究22号17頁以下（2019年5月）

吉田正毅

「税務調査のための事実認定入門（第25回）書証のチェックポイント①——原本にしかない情報の確認」税理62巻1号198頁以下（2019年1月）

吉田正毅

「税務調査のための事実認定入門（第26回）書証のチェックポイント②——書証の外形からの信用性」税理62巻2号208頁以下（2019年2月）

吉田正毅

「税務調査のための事実認定入門（第27回）税務調査手続1——準備調査」税理62巻3号204頁以下（2019年3月）

吉田正毅

「税務調査のための事実認定入門（第28回）税務調査手続2——事前通知」税理62巻5号174頁以下（2019年4月）

吉田正毅

「税務調査のための事実認定入門（第29回）税務調査手続3——調査手続チェックシート」税理62巻6号206頁以下（2019年5月）

吉田正毅

「税務調査のための事実認定入門（第30回）税務調査手続4——実地の調

査」税理62巻 7 号210頁以下（2019年 6 月）

吉田正毅

　「税務調査のための事実認定入門（第31回）税務調査手続 5 ── 質問応答記録書①」税理62巻 8 号240頁以下（2019年 7 月）

吉田正毅

　「税務調査のための事実認定入門（第32回）税務調査手続 6 ── 質問応答記録書②」税理62巻10号262頁以下（2019年 8 月）

吉田正毅

　「税務調査のための事実認定入門（第33回）質問応答記録書の記載内容の趣旨が争いとなった事例」税理62巻11号256頁以下（2019年 9 月）

吉田正毅

　「税務調査のための事実認定入門（第34回）税務調査手続 7 ── 争点整理表①」税理62巻12号206頁以下（2019年10月）

吉田正毅

　「税務調査のための事実認定入門（第35回）税務調査手続 8 ── 争点整理表②」税理62巻14号214頁以下（2019年11月）

吉田正毅

　「税務調査のための事実認定入門（第36回・最終回）税務調査手続 9 ── 調査終了の際の手続」税理62巻15号198頁以下（2019年12月）

伊藤滋夫（いとう・しげお）

1932年　名古屋市生まれ
1954年　名古屋大学法学部卒業
1961年　米国ハーバード・ロー・スクール（マスターコース）卒業（LL.M.）
1994年　博士（法学）名城大学

1954年　司法修習生、1956年　東京地・家裁判事補、1966年　東京地裁判事
1995年　東京高裁部総括判事を最後に裁判官を依願退官、弁護士登録（第一東京弁護士会）
2004年　創価大学法科大学院教授
2004年　法科大学院要件事実教育研究所長、2012年～現在　同研究所顧問
2007年　創価大学法科大学院客員教授、2012年　創価大学名誉教授

主要著作
『事実認定の基礎　裁判官による事実判断の構造』（有斐閣、1996年）
『要件事実の基礎　裁判官による法的判断の構造　新版』（有斐閣、2015年）
『要件事実・事実認定入門　裁判官の判断の仕方を考える　補訂版第2刷（補訂）』（有斐閣、2008年）
『基礎法学と実定法学の協働』（法曹養成実務入門講座別巻）（編、信山社、2005年）
『民事要件事実講座　第1巻から第6巻』（総括編集、青林書院、2005～2010年）
『環境法の要件事実［法科大学院要件事実教育研究所報第7号］』（編、日本評論社、2009年）
『債権法改正と要件事実［法科大学院要件事実教育研究所報第8号］』（編、日本評論社、2010年）
『要件事実論と基礎法学』（編著、日本評論社、2010年）
『租税法の要件事実［法科大学院要件事実教育研究所報第9号］』（編、日本評論社、2011年）
『要件事実小辞典』（編著、青林書院、2011年）
『要件事実の機能と事案の解明［法科大学院要件事実教育研究所報第10号］』（編、日本評論社、2012年）
『家事事件の要件事実［法科大学院要件事実教育研究所報第11号］』（編、日本評論社、2013年）
『不動産法と要件事実［法科大学院要件事実教育研究所報第12号］』（編、日本評論社、2014年）
『商事法の要件事実［法科大学院要件事実教育研究所報第13号］』（編、日本評論社、2015年）
『知的財産法の要件事実［法科大学院要件事実教育研究所報第14号］』（編、日本評論社、2016年）
『債権法改正法案と要件事実［法科大学院要件事実教育研究所報第15号］』（編、日本評論社、2017年）
『新民法（債権関係）の要件事実——改正条文と関係条文の徹底解説Ⅰ、Ⅱ』（編著、青林書院、2017年）
『基礎法学と要件事実［法科大学院要件事実教育研究所報第16号］』（編、日本評論社、2018年）
『医療訴訟と要件事実［法科大学院要件事実教育研究所報第17号］』（編、日本評論社、2019年）

けんぽう　ようけんじじつ
憲法と要件事実［法科大学院要件事実教育研究所報第18号］

2020年3月20日　第1版第1刷発行

編　者——伊藤滋夫（法科大学院要件事実教育研究所顧問）

発行所——株式会社日本評論社
　　　　　〒170-8474 東京都豊島区南大塚3-12-4
　　　　　電話 03-3987-8621（販売）　FAX03-3987-8590　振替　00100-3-16
印　刷——精文堂印刷
製　本——井上製本所

Printed in Japan © ITO Shigeo 2020　装幀／図工ファイブ
ISBN 978-4-535-52489-7